経済・商学系のための情報リテラシー入門

荒木 孝治　谷田 則幸　橋本 紀子　松尾 精彦

著

第4版

同文舘出版

- Microsoft Windows, Microsoft Excel, Microsoft Word, Microsoft Internet Explorer は，米国 Microsoft Corporation の登録商標です．
- その他，本書に掲載されている会社名，製品名は一般に各社の登録商標または商標です．
- なお，本書では，™，®は明記しておりません．
- 本書では，Microsoft Corporation のガイドラインに従って画面写真を使用しています．

はじめに

　本書は，経済・商学系に限らずより広く社会科学系や人文科学系，つまり文系学部の新入生が，4年間の学生生活を有益に積極的に過ごすために必要なパソコンや文書作成，データ分析の入門内容をまとめたものです。今回，Windows 10, Office 2016 に対応した形で改訂を行いました。

　大学での学びをはじめるにあたって，新入生は新しい"自由な"環境に戸惑うかもしれません。たとえば選択する科目に関して，高校までのように親切なガイダンスはないでしょう。大学では自ら学び，研究する姿勢が必要となります。そこで，学生生活の出発にあたって，"自分で学ぶ方法"と"学びに役立つ道具の使い方"を身につけておくことが重要となります。後者の，学びに役立つ道具の第一に挙げられるのがパソコンおよびインターネットです。インターネットにつながったパソコンを用いることにより，インターネットの世界にある膨大な情報・データを学びに利用することが可能となります。こうした情報世界を広げることにより，私たちは行動や未来の可能性を広げることができます。

　ところで，パソコンを使えるということは何を意味するのでしょうか。情報技術の発展により，企業や大学に限らずあらゆる領域で時々刻々と，さまざまなデータがデータベースとして蓄積されています。データ分析では，蓄積されたデータを分析し，得られた情報をワープロソフトを用いてまとめ，プレゼンテーションソフトを用いて多くの人たちに提示したり，インターネットを通じて世界中に公開したりするというプロセスを経ます。そのため，文系・理系を問わずどのような分野の人たちも，データベースから必要なデータを取り出し，そのデータを分析することによって，自分や企業にとって必要な情報を抽出する能力が必要です。ですから，パソコンが使えるとは文書の作成や電子メールの利用にとどまらず，データベースソフトやデータ分析ソフト，プレゼンテーションソフトを自在に扱えるところまでを指すと考えなくてはなりません。

　しかし，この目標に一気に到達できるわけではありません。これらは4年間の学生生活のなかで身につけていくことになります。本書は，そのような到達点への第一歩を踏み出すための道標となるように，コンピューターに関連した基本的な知識をまとめたものです。本書のタイトルにある「リテラシー」という語はそういった内容を意味しています。知っている

つもりであっても，正確には知っていないことが多くあります。たとえば，レポート等の作成においては一定のルールがあり，文献の参照などに厳格な態度が要求されます。また，インターネットに関連する世界では，不十分な知識のもとで行動していると，問題を引き起こしたり，トラブルに巻き込まれたりすることがあります。ぜひ一通りはじめから読んでください。

　最後になりましたが，本書の改訂に際してお世話になりました同文舘出版株式会社の方々，特に取締役編集局長の市川良之氏に心からお礼申し上げます。

2018年1月

著者一同

目　次

第1章　パソコンを使ってみよう ——————————— 3

1.1　パソコンを使ってみよう ——————————————— 3
1.2　パソコンの基本的な機器構成 ————————————— 3
1.3　実践ステップ 1-1　パソコンの起動から終了まで ——————— 3
　　　ステップ 1　パソコンの操作を始める（起動する）　3
　　　ステップ 2　ウィンドウを開く　4
　　　ステップ 3　ウィンドウの操作～大きさを変更する，移動する，閉じる～　4
　　　ステップ 4　パソコンの操作を終了する　4
1.4　実践ステップ 1-1 の詳説 —————————————— 5
　　　1.4.1　パソコンの基本的な機器構成　5
　　　1.4.2　マウスやキーボードの扱い方　6
　　　1.4.3　デスクトップの名称とウィンドウの操作　8
1.5　実践ステップ 1-2　アプリケーションの利用 ———————— 9
　　　ステップ 1　アプリケーションを起動する　9
　　　ステップ 2　メモ帳に文字を入力する　9
　　　ステップ 3　入力した文章をファイルとして保存する　10
　　　ステップ 4　文書を印刷する　10
　　　ステップ 5　アプリケーションを終了する　10
1.6　実践ステップ 1-2 の詳説 —————————————— 10
　　　1.6.1　ファイルの操作のしかた　10
　　　1.6.2　アプリケーションの操作のしかた　12
　　　1.6.3　記憶装置の使い方　15
　　　1.6.4　日本語入力のしかた　16

第2章　電子メールを使ってみよう ——————————— 19

2.1　電子メールとは ——————————————————— 19
2.2　実践問題　Office365 メールを用いた電子メールの利用 ———— 20
2.3　実践ステップ ——————————————————— 20

	ステップ1	Office365 ポータルへのサインイン　20
	ステップ2	Office365 メールの終了（ログアウト）　21
	ステップ3	電子メールの作成と送信　21
	ステップ4	電子メールにファイルを添付する　22
	ステップ5	電子メールの閲覧　23
	ステップ6	受信したメールの添付ファイルを見る　24
	ステップ7	電子メールの返信　24
	ステップ8	電子メールの転送　26

2.4　実践ステップの詳説 ──────────────────────── 26
2.5　ネチケット～インターネットを利用するためのルールとマナー～ ──── 30
  2.5.1　インターネット利用上の基本的な事柄（大原則）　30
  2.5.2　インターネットでの身の守り方～セキュリティについて～　30
  2.5.3　プライバシーの守り方　31
  2.5.4　自分の利用しているコンピューターを守る～コンピューターウィルス～　31
  2.5.5　ネットワークによる不正行為　31

第3章　オープンデータを利用しよう ──────────────── 33

3.1　ホームページを見てみよう ─────────────────────── 33
  3.1.1　ブラウザって何？　33
  3.1.2　こんなふうにつながっている　33
3.2　検索エンジンで検索しよう ─────────────────────── 35
  3.2.1　Google で検索　35
  3.2.2　Yahoo! JAPAN で検索　36
  3.2.3　他の検索エンジン　36
3.3　データや情報，ソフトウェアをもらおう ─────────────── 37
  3.3.1　官公庁の公開資料もこんなにある　37
  3.3.2　ワーキングペーパーを取得する　40
3.4　もらった情報はどうやって見るの？ ───────────────── 40
  3.4.1　ファイル形式のいろいろ　40
  3.4.2　アドビリーダー　～PDF ファイルの閲覧～　41
  3.4.3　アーカイバ　～ファイルを圧縮・解凍する～　41
  3.4.4　エディター　41
3.5　学習・研究のための入り口 ─────────────────────── 42
  3.5.1　オープンデータ　42

3.5.2 テ ド　43

第4章　文書を作成してみよう　——　45

4.1　この章で学ぶこと ——————————————————— 45
4.2　実践問題 4-1　文書ファイルの作成から終了まで ——————— 45
　　ステップ 1　Word を起動しよう　45
　　ステップ 2　Word の環境を設定しよう　46
　　ステップ 3　文章を入力する　46
　　ステップ 4　文章の複製を作ろう　46
　　ステップ 5　上の段落の内容を変更する　47
　　ステップ 6　2つの文章を入れ替えよう　47
　　ステップ 7　ページ設定をしよう　48
　　ステップ 8　文書を保存しよう　48
　　ステップ 9　文書を印刷しよう　49
　　ステップ 10　Word を終了する　49
4.3　実践問題 4-2　作成したファイルの再編集 ————————— 49
　　ステップ 11　既存の文書を開く　49
　　ステップ 12　検索・置換機能の利用　50
　　ステップ 13　更新したファイルを上書き保存する　50
　　ステップ 14　アプリケーションを終了する　50
4.4　実践ステップの補足 ————————————————— 50

第5章　ワープロ文書を作成しよう　——　53

5.1　この章で学ぶこと ——————————————————— 53
5.2　実践問題　ワープロ文書の作成から終了まで ————————— 53
5.3　実践ステップ ————————————————————— 54
　　ステップ 1　文書を入力しよう　54
　　ステップ 2　段階の［左揃え］・［中央揃え］・［右揃え］　54
　　ステップ 3　ルーラーを設定しよう　54
　　ステップ 4　作表機能を利用して行事予定を作ろう　54
　　ステップ 5　切り取り線を作成しよう　55
　　ステップ 6　出欠票を作成しよう（ステップ 2 を参照のこと）　55
　　ステップ 7　フォントの種類とサイズを変更しよう　55

　　　　ステップ 8　　段落設定をしよう　　55
　　　　ステップ 9　　文書情報をヘッダーに書き込もう　　56
　　　　ステップ 10　　[書式のコピー/貼り付け]機能を利用しよう　　56
　　　　ステップ 11　　ページの余白と用紙サイズを設定しよう　　56
　　　　ステップ 12　　空白や空白行を挿入して文書を整形しよう　　57
　　　　ステップ 13　　まめに上書き保存を行おう　　57
　　　　ステップ 14　　印刷しよう　　57
　5.4　少し進んだ内容 ——————————————————————— 57
　　　5.4.1　表を作成する　　57
　　　5.4.2　文書[スマートアート]を貼り付ける　　58
　　　5.4.3　描画キャンパス上に図形を挿入する　　58

第6章　表を作ってみよう　Excel入門 ——————— 59

　6.1　表計算ソフトとは ——————————————————————— 59
　6.2　実践問題 6-1　表の作成と簡単な計算 ——————————————— 59
　6.3　実践ステップ ——————————————————————————— 60
　　　　ステップ 1　　Excelを起動しよう　　60
　　　　ステップ 2　　数値，文字を入力しよう　　60
　　　　ステップ 3　　表の形を整えよう　　60
　　　　ステップ 4　　計算しよう　　61
　　　　ステップ 5　　表示桁を調整しよう　　62
　　　　ステップ 6　　罫線を引こう　　62
　　　　ステップ 7　　文字サイズを調整しよう　　62
　　　　ステップ 8　　タイトル・単位の位置を調整しよう　　62
　　　　ステップ 9　　ファイルを保存しよう　　63
　　　　ステップ 10　　表を印刷しよう　　63
　　　　ステップ 11　　Excelを終了しよう　　63
　　　　ステップ 12　　保存したExcelファイルを開こう　　63
　　　　ステップ 13　　考察しよう　　63
　6.4　実践問題 6-2　表の編集 ———————————————————————— 63
　　　　ステップ 14　　列を挿入しよう　　63
　　　　ステップ 15　　構成比を計算しよう　　63
　6.5　実践ステップの詳説 ——————————————————————— 64
　6.6　少し進んだ内容 ——————————————————————————— 72

  6.6.1 書式設定の詳細 72
  6.6.2 他のファイル形式との関係 73

第7章　グラフを作ってみよう ― 75

7.1 グラフの重要性 ― 75
7.2 実践問題 7-1 簡単なグラフの作成 ― 75
7.3 実践ステップ ― 76
  ステップ 1 ファイルを開こう 76
  ステップ 2 グラフの種類を選択しよう 76
  ステップ 3 使用するデータを指定しよう 76
  ステップ 4 グラフを表示しよう 77
  ステップ 5 グラフを完成させよう 77
  ステップ 6 グラフから情報を考察しよう 78
  ステップ 7 ファイルを保存しておこう 78
7.4 実践問題 7-2 グラフの編集 ― 78
  ステップ 8 データ系列を追加しよう 78
7.5 実践ステップの詳説 ― 79

第8章　データベースを作成しよう ― 85

8.1 データベースとは ― 85
8.2 実践問題　データベースの作成から使い方まで ― 85
8.3 実践ステップ ― 85
  ステップ 1 データを入力しよう 85
  ステップ 2 データを並べ替えてみよう 86
  ステップ 3 条件に合ったデータを抽出しよう 86
  ステップ 4 データを自動集計する 87
8.4 実践ステップの詳説 ― 88
8.5 少し進んだ内容 ― 92
  8.5.1 特定の文字を検索・置換する 92
  8.5.2 すべてのページに列見出し（列ラベル）を印刷する 93
  8.5.3 ピボットテーブルを利用する 93

第9章 ホームページを作ってみよう —— 95

- 9.1 ホームページとは —— 95
- 9.2 実践問題　Wordでのホームページの作成 —— 96
- 9.3 実践ステップ —— 96
  - ステップ1　新規ページの作成　96
  - ステップ2　文章の入力　96
  - ステップ3　背景の設定　97
  - ステップ4　ハイパーリンクの埋め込み　97
  - ステップ5　画像の挿入　98
  - ステップ6　HTML文書の保存　99
  - ステップ7　ページのタイトルを付ける　99
  - ステップ8　ページのプレビュー　100
  - ステップ9　編　集　100
- 9.4 実践ステップの詳説 —— 101
- 9.5 少し進んだ内容：フリー素材集 —— 103

第10章 プレゼンテーションソフトウェアを使ってみよう —— 107

- 10.1 プレゼンテーションソフトウェアとは —— 107
- 10.2 実践問題10-1　プレゼンテーション資料の作成 —— 107
- 10.3 実践ステップ10-1 —— 107
  - ステップ1　PowerPointを起動しよう　107
  - ステップ2　プレースホルダーへの入力をしよう　108
  - ステップ3　スライドの追加をしよう　108
  - ステップ4　スライドのデザインを決めよう　109
  - ステップ5　図表を使って視覚に訴えよう　109
  - ステップ6　アニメーションを使おう(テキスト編)　110
  - ステップ7　アニメーションを使おう(図形編)　111
  - ステップ8　保存しよう　112
- 10.4 実践問題10-2　プレゼンテーション資料を印刷しよう —— 112
- 10.5 実践ステップ10-2 —— 112
  - ステップ9　印刷しよう　112
- 10.6 実践問題10-3　スライドショーを実行しよう —— 113

10.7	実践ステップ 10-3	113
	ステップ 10　スライドショーを実行しよう　113	
10.8	実践ステップの詳説	114

Appendix　レポートを作成してみよう ——————— 119

A.1	レポートを作成してみよう	119
	ステップ 1　アウトライン表示でレポートの構成を考える　119	
	ステップ 2　印刷レイアウト表示で文書を作成する　121	
A.2	レポートを作成する際に知っていると便利なこと，注意すべきこと	121

索　引 ——————————————————————— 127

経済・商学系のための
情報リテラシー入門
―第 4 版―

第1章 パソコンを使ってみよう

この章では，
- ■パソコンの起動と終了
- ■パソコンの基本的な機器構成
- ■マウスやキーボードの扱い方
- ■デスクトップとウィンドウの操作のしかた
- ■ファイルの操作のしかた
- ■アプリケーションの起動と終了
- ■日本語入力のしかた
- ■ファイルの保存のしかた
- ■印刷のしかた

について，学びます。

1.1 パソコンを使ってみよう

この章のねらいは，パソコンに電源を入れてから消すまでの一通りの簡単な操作ができるようになることです。実践ステップ1-1では，パソコンを動かし，キーボードやマウスを利用してウィンドウの操作を行った後，パソコンを終了してみます。実践ステップ1-2では，アプリケーションを起動し，文字を入力したり，作業結果の印刷や保存をしてみます。

1.2 パソコンの基本的な機器構成

パソコンは，いくつかの機器から構成されています。パソコン本体は，その大きさや形により，デスクトップ型（図1-1），本体とディスプレイが一体となった一体型や，ノート型（図1-2）などがあります。詳しい機能や使い方については後で説明しますが，とりあえず，図1-1と図1-2で，あなたのパソコンの主な部分の名称を確認しておきましょう。

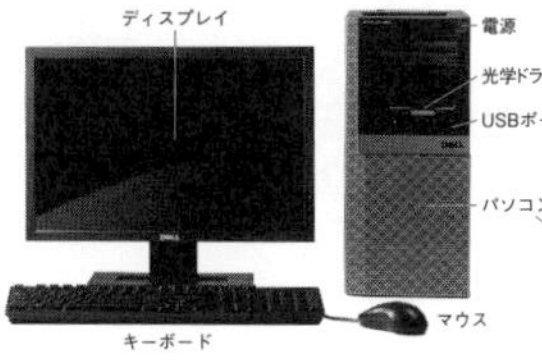

図1-1 デスクトップ型パソコン

図1-2 ノート型パソコン（写真提供：デル株式会社）

1.3 実践ステップ1-1 パソコンの起動から終了まで

ステップ1 パソコンの操作を始める（起動する）

パソコンを使うには電源を入れ，使える状態にしなくてはなりません。このことをパソコンを**「起動する」**とか**「立ち上げる」**と言います。手順は，次の通りです。

① 電源を入れます。

デスクトップ型の場合は，ディスプレイ，パソコン本体というように，周辺機器から先に，パソコン本体の電源を最後に入れます。電源を入れる順に注意しましょう。

② しばらくすると，ユーザー名とパスワードの入力（サインイン）画面が表示されます。それぞれ

をキーボードから入力し，[Enter] キーを押すか，またはマウスで右矢印をクリックします。入力ボックスを移動するには，マウスまたは [Tab] キーを利用します。

③ 少し待つと，Windows の**デスクトップ画面**（図1-3）が表示されます。（もしスタートメニューが表示されたら，[デスクトップ] タイル（アイコン）をクリックします。）パスワードなどの入力ミスがあった場合には再入力を求められますので，同じ作業を繰り返します。

図1-4 ウィンドウ（エクスプローラーの基本画面）を開いたところ

スを動か）します。

ウィンドウ全体を移動したい

そのウィンドウのタイトルバーを選択し，移動したいところまでドラッグします。

ウィンドウを閉じたい

ウィンドウの右上の [閉じる] ボタン×をクリックします。

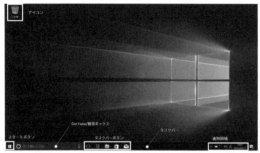

図1-3 デスクトップ画面と主な部分の名称

ステップ4 パソコンの操作を終了する

必ず，正しい終了作業を行い，正しい順番で電源を切りましょう。そうしないと，作成したデータをなくしたり，USB メモリなどの保存用メディアが破壊されたり，コンピューターそのものの故障につながります。パソコンを終了する手順は，次の通りです。

① 画面を，パソコンが起動したときと同じ状態に戻します。すべてのウィンドウを閉じます。

保存用メディアを挿入している場合には，取り出しておきます。

② 画面左下隅の [スタート] ボタン■にマウスのポインターをあわせクリックするか，Windowsキー ■ を押します。現れたメニューウィンドウの左下にある [電源] ボタン⏻をクリックします。作業を中断したいときは，現れたポップアップウィンドウの [スリープ] の位置に，作業を終了したいときは [シャットダウン] の位置にマウスのポインターをずらし，クリックします。

③ [シャットダウン] を選ぶと終了作業が始まります。時間がかかっても，待っていてください。

④ 終了作業が終わると，パソコン本体の電源が自動的に切れます。ただしモニタや周辺機器の電源は手動で切ってください。電源の切り忘れがないよう注意しましょう。

ステップ2 ウィンドウを開く

コンピューターの画面に表示されたアイコン（絵マーク）やウィンドウは**マウス**を使って操作します（ノートパソコンでは，トラックパッド等でマウスの代わりもできます）。

マウスは手のひらで包むような感じで持ちます。マウスを机の上で動かしてみると，デスクトップ画面の矢印マーク（**ポインター**）が動きます。

デスクトップ画面下方のタスクバーにある [エクスプローラー] ボタン にポインターを合わせ，左ボタンを1回トンと押します（**クリック**）。エクスプローラーの基本画面が開きます。

ステップ3 ウィンドウの操作
　　　　　～大きさを変更する，移動する，閉じる～

ウィンドウの大きさを変える

ウィンドウの四隅のいずれかにマウスポインターをあて，ポインターの形が変わったら，大きさを変えたい方向に**ドラッグ**（左ボタンを押したままマウ

コンピューターが何も反応しなくなったら？

時々，何をやってもパソコンが反応しなくなることがあります。この状態を「フリーズした」とか「ハングアップした」と言います。このとき，決して，いきなり電源を切ってしまわないようにしましょう。**リセット（再起動）**を行い，正しい終了の方法でパソコンの利用を終わらせてください。

リセットは，[電源]をクリックし，現れたウィンドウで[再起動]をクリックするか，キーボードから，[Ctrl]＋[Alt]＋[Delete]の3つのキーを同時に押し[サインアウト]を選択します。数回この操作を行っても変化が見られない時には，パソコンによっては，リセットボタンのついているものもありますので，それを利用します。

1.4 実践ステップ1-1の詳説

1.4.1 パソコンの基本的な機器構成

パソコンは，キーボードやマウスから伝えられた指示を本体が処理し，その結果をディスプレイに表示します（図1-5を参照してください）。キーボードやマウスはパソコンに指示を伝えるための機器（入力装置）で，ディスプレイ（モニタ）は処理した結果を映し出すための出力装置です。キーボードやマウスの使い方については，次のセクションで説明します。また，印刷するにはプリンターを使います。

パソコンは人間が指示しなければ何もできません。人間の指示のままに動きます。ですから，正しい指示をすれば正しい結果を示しますが，間違った指示を与えると誤った結果を返してきます。「パソコンが（勝手に）間違うこと」はありませんので，正しい操作，指示を行いましょう。

図1-5 パソコンでの処理の流れ（入力・出力）

パソコン本体

パソコン本体の中には，マザーボードと呼ばれる基盤があり，それにはCPU（中央処理装置，Central Processing Unit）やメモリなどがとりつけられています。また，ハードディスクと呼ばれる記憶装置もあります。

CPUはパソコンの頭脳に当たります。これが高性能，つまりクロック周波数が高いほど，パソコンは高性能（処理するスピードが速い）となります。

メモリ（RAM）はソフトウェアやデータのための一時的な記憶装置です。パソコンで作業を行うとき，ソフトウェアを動かし，さまざまなデータ（ソフトウェアで作成した文章や絵など）を扱わなければなりません。あなたが勉強するときに本棚から取り出した本やノートを机の上に広げている場面を思い浮かべてください。パソコンは，ソフトウェアやデータをハードディスクやUSBメモリという本棚から取り出し，メモリという机の上で作業を行っているのです。ですから，メモリがたくさんあるほど作業を快適に進めることができますし，複雑なソフトウェアを利用したり，同時にたくさんのソフトウェアを動かすことができます。ただし，メモリに読み込まれたソフトウェアやデータは，電源を切ると消えてしまいます。データをきちんと保存するためには，USBメモリやハードディスクのような記憶装置を利用しなければなりません。

ハードディスクは，パソコン本体に標準的に装備された記憶装置で，プログラムやデータを保存します。近年，複雑な処理を行えるアプリケーションソフトウェア（アプリ）が増えたこと，画像や音声といったマルチメディア情報を取り扱う必要が増えたことから容量が大きくなっています。なお，パソコンでは，USBメモリに代表される小容量の記憶装置もよく利用します。これについては，後で詳しく説明します。

周辺機器のいろいろ

ディスプレイ：表示装置のことです。ちょうどテレビのような形をしています。モニタと呼ぶこともあります。

プリンター：印刷するための装置です。ネットワークを介して接続されたプリンターの場合，ど

のプリンターへ出力されるか注意してください。このとき複数のパソコンが1台のプリンターを利用（共有）するために，他の人が時間のかかる処理を行っている時など，出力までに時間がかかることがあります。操作を間違っていなければ，パソコンがあなたの行った操作を忘れることはありません。逆に，何度も印刷操作を行うと，繰り返した分だけの枚数が出力され，そのためいっそう出力されるまでに時間がかかります。注意しましょう。

マルチメディア機器：音声や画像を処理するための機器です。スキャナやデジタルカメラは画像を取り込むための機器で，取り込んだ結果をパソコンを用いて処理することができます。処理結果をあらためてプリンターで印刷することもできます。

1.4.2 マウスやキーボードの扱い方

マウスの操作

マウスは手のひらで包むような感じで持ちます。あまり握りしめないように，肩の力は抜いてリラックスしてください。持った時の指の位置は次のようにします。

- 親指がマウスの左側面
- 人差し指がマウスの左ボタン上
- 中指がマウスの右ボタン上
- 薬指と小指がマウスの右側面
- 手のひらのへこみがマウスの末端に当たるように

マウスは平らな面で利用してください。マウスパッドの上で使うとうまく操作できます。マウスを動かすと底面部にあるセンサーが方向や距離などを測り，それに応じて画面上を小さなマーク（マウスポインター）が移動します。マウスポインターは場面や状況によって形を変えます。たとえば，

⧖ ：「現在操作中です，何もしないで少し待ってください」。このマークが出ているのに次々と操作をしないこと。パソコンがフリーズする原因となります。

I ：「ここに文字を入力できます」。文字を入力する時出てきます。**カーソル**と呼びます。

↘ ：（マウスをドラッグして）「選択しているものの大きさを変更できます」

✥ ：「選択しているものを移動できます」

↻ ：「ここを選択できます」

▶ ：「選択するものを指してください」

マウスで何かアイコン（画面上の小さな図柄のこと）やボタンを指定するときには，マウスポインターを目的の場所に置いて指示します。この動作を**ポイント**と呼びます。

画面上の目的の場所をポイントして，マウスボタンを1回カチッと押すことを**クリック**，カチカチッと素早く2回繰り返して押すことを**ダブルクリック**と言います。通常押すのは，左のボタンです。また，マウスの左ボタンを押しながらマウスを移動させることを**ドラッグ**と呼びます。

＊マウスがもし机の端まできてしまったら，マウスを持ち上げ移動してから，もう一度操作します。マウスが空中にある間は，画面のポインターは動きません。

＊マウスの右ボタンをクリックすると，メニューバーを使わずに，使用できるコマンド（ショートカットメニュー）を表示させることができます。画面のどこか違う場所で左ボタンをクリックすると，ショートカットメニューは消えます。

キーボードの操作

キーボードのキーには，文字を打つためのキーと，キーを押すことによりある機能をパソコンに指示するためのキーとがあります。

文字キーの配列は規格として定められています。アルファベットの配列は，アメリカのASCII（アスキー：American Standard Code for Information Interchange）という規格に基づいています。また，カナ文字の配列は，日本のJIS規格で決められています。なお，ノートパソコンでは、いくつかの機能キーが少し変則的な位置に移動していることがあります。数字の入力はテンキー（キーボード右側の数字が並んだキー配列）を利用すると便利です。

図 1-6　よく利用するキー

文字キー以外のよく使うキーには次のようなものがあります。

① ［スペース］バー：何も書いていない，少し長いキーです。入力したひらがなを，漢字やカタカナ，アルファベットに変換します。また，空白を入力するときにも用います。詳しくは日本語入力のセクションで説明します。

② ［Enter］（エンター）キー：パソコンにさまざまな命令（コマンド）を与えた後で，最後に押すキーです。このキーを押して初めて，コマンドが（画面に表示されるだけでなく）パソコン本体へ伝達されます。「決定」や「確認」の意味を持ちます。文字入力の場面では，確定の意味だけでなく，改行するときにも用います。

③ ［Shift］（シフト）キー，④［Ctrl］（コントロール）キー，⑤［Alt］（オルト）キー：他のキーと組み合わせて使うことにより，さまざまな操作を可能にします。たとえば，大文字のアルファベットを入力したい時や，キーの上段にある記号を入力したい時は，［Shift］キーを押しながらそのキーを打ちます。

⑥ ［Windows］キー：スタートメニューを表示するときに用います。

⑦ ［半角/全角］キー：日本語入力のオン/オフを切り替えます。

⑧ ［Esc］（エスケープ）キー：作業中の操作を取り消すのに用いられます。

⑨ ［Tab］（タブ）キー：次の欄，もしくは，マークがつけられた箇所へカーソルを移動させます。逆に，前の欄に戻るには，［Shift］キーを押しながら［Tab］キーを打ちます。

⑩ ［Delete］（デリート）キー，⑪［Back Space］（バックスペース）キー：入力した文字を消すのに利用します。［Delete］キーはカーソルの次の字を，［Back Space］キーはカーソルの前の字を消すのに用います。［BS］や［BkSp］と表示されているものもあります。

⑫ ［F1］～［F12］ファンクションキー：アプリケーションごとに決められた，さまざまな役割・機能を果たすキーです。多くのソフトでは［F1］キーにヘルプ機能を持たせています（［F1］キーを押すとヘルプの画面が現れます）。

タッチタイピング（両手をホームポジションにおいて，キーボードを見ずにキーを打つ）ができるようになると便利です。
・常にホームポジションに指を置く
・できる限り，キーを打つ指だけを動かす
・キーを打ったら，すぐにホームポジションに指を戻す
・キーボードを見ずに，ディスプレイを見ながらキーを打つなどして，文字を入力しましょう。

図 1-7　ホームポジション

はじめは時間がかかるように感じますが，慣れてくると文字入力のスピードが格段に速くなります。

ホームポジションでは左手の小指から人差し指を，順に［A］，［S］，［D］，［F］のキーに，右手の人差し指から小指を，順に，［J］，［K］，［L］，［;］のキーに置きます。

1.4.3 デスクトップの名称とウィンドウの操作

デスクトップ画面（図1-3）上には，①アイコン，②［スタート］ボタン，③タスクバー，④通知領域が表示されます。それぞれの役割を簡単に説明します。

① **アイコン**：アプリやファイルを表す絵のこと。ダブルクリックすることで，アプリを起動したり，ファイルを開いたりすることができます。

② **［スタート］ボタン**■：これをクリックすると，スタートメニューが表示されます。アプリを起動するとき，各種の設定をするとき，パソコンを終了するときなど，さまざまな場面で利用します。

③ **タスクバー**：タスク（task）とは仕事のことです。ピン留めされているアプリに加え，現在起動しているすべてのアプリのボタンが表示されます。別のアプリに切り替えたいのにウィンドウが重なって見えないときなど，ここの該当する場所をクリックすればアプリを切り替えることができます。

④ **通知領域**：現在の日時や文字入力モードが表示されています。文字入力については1.6.4項で詳しくその操作法を学びます。

ウィンドウの基本操作
〜複数のウィンドウの扱いかた〜

パソコンでは，同時に複数のウィンドウを開くこと，つまり，同時に複数のアプリを立ち上げたり，同じアプリ内で複数のファイルを開いたりすることができます。タスクバーにはその時利用している全てのアプリが，ボタンの形で表示されます。ただし，そのときに実際の作業対象となっているウィンドウは1つだけで，タスクバーのボタンの背景がハイライト表示されています。作業対象になっているウィンドウを，「アクティブになっている」と言います。

後方のウィンドウ（ファイル）を処理したい場合には，後ろのウィンドウのどこかをクリックします。そのウィンドウが前方へ移動し，そのファイルが作業対象に変わります。

前のウィンドウで隠れてしまって後ろのファイルが見えないときは，次の3つの方法のいずれかを行います。

・前面のウィンドウのタイトルバーをマウスで選択しドラッグして位置をずらす。
・前面のウィンドウのタイトルバー右上の［最小化］ボタン■を押して前のウィンドウを一時的に片づける。
・タスクバーにある使いたいアプリのボタンをクリックする（同じアプリで複数のファイルが開いている時には，ボタンをクリックするとサムネイルが表示されるので，選択します）。

図1-8 （ペイントに関連する）プレビューサムネイル

タスクバーにあるボタンの背景がどれもハイライト表示されていない場合は，どのアプリも処理対象となっていません（処理対象になっているのは，デスクトップ画面そのものです）。あるアプリを利用したいときには，そのウィンドウをクリックします。逆に，すべてのアプリを選択対象としたくないときには，デスクトップ上でマウスをクリックします。

ウィンドウの操作
〜大きさを変える，移動，終了のさせ方〜

図1-4を見てください。ウィンドウの右上には3つのボタンがあります。これらを使ってウィンドウの操作を行うことができます。左から順に，

■ ［最小化］ボタン：一時的にアプリの操作をやめタスクバーに片づけます（このアプリを再度利用したくなったら，タスクバーの該当するボタンをクリックします）。

□ ［最大化］ボタン：画面いっぱいにウィンドウを大きくします。画面が最大になるとボタンの形が🗗と変わります。ボタンがこの形になっているときにクリックすると，ウィンドウを元の大きさに戻すことができます（なお，タイトルバーをダブルクリックしても最大化することができます）。

× ［閉じる］ボタン：ウィンドウを閉じたり，アプリを終了したりするときにクリックします。

といった役割を果たします。

ところで，ウィンドウが表示領域に対して小さいと，画面の表示を上下左右にスクロールするためのスクロールバーが表示されます。スクロールバーの両端の▲（または▼）を押し続けると，その方向に画面をスクロールすることができます。また，薄グレーの部分をクリックすると，そちらの方向にウィンドウ1つ分スクロールさせることができます。

1.5 実践ステップ 1-2 アプリケーションの利用

ステップ1 アプリケーションを起動する

アプリを起動するにはいくつかの方法があります。ここでは，［スタート］ボタンから利用したいソフトを選択してみます（他の方法については1.6節で説明します）。

図1-9　スタートメニュー

［Windows アクセサリ］の中にある［ペイント］を起動してみましょう。

① 画面左下の［スタート］ボタン⊞をマウスで選択します（ポインターで指し左ボタンを押す）。
② スタートメニューが現れます（図1-9）。
最左列には，上方にメニューボタン☰，下方にアカウント（ユーザー名）ボタン👤，設定ボタン⚙，電源ボタン⏻等が並んでいます。
1つ右の列にはアプリの一覧が，さらに右の列にはアプリを起動するためのタイルが並んでいます。
③ アプリ一覧のスクロールバーの白くハイライトされたところ（図の○があるあたり）をマウスで選択し，下へドラッグします。画面をスクロールしていき，［Windows アクセサリ］が表示されたら，そこをクリックします。
④ ［Windows アクセサリ］に含まれるアプリが表示されますので，（必要ならまた画面をスクロールして）［ペイント］を探し，そこをクリックすると，［ペイント］が起動します。

ステップ2 メモ帳に文字を入力する

同じ要領で，［Windows アクセサリ］の中にある［メモ帳］を起動してください。白い紙のような画面が広がります。ここへ文字を入力してみましょう。文字は，カーソル（画面上の点滅しているI字状の点）の位置に入力することができます。

まず，日本語の入力ができる状態にします。

画面右下の通知領域の日時表示の左にあるボタンを見てください。ここが「あ」なら日本語を入力することができます。もし，ここが「A」なら半角英数文字しか入力できません。入力モードを切り替えるには，このマークをクリックするか，[半角/全角]キーを押します。

文章を入力してください。詳しくは1.6節で説明しますが，入力した文字を（漢字やカナに）変換したい場合は［スペース］バーを押します。また，入力あるいは変換した文字がそのままでいい場合には［Enter］キーを押して確定します。入力ミスをした場合は［Delete］キー（カーソルの次の文字を消す）や［Back Space］キー（カーソルの前の文字を消す）で修正します。

ステップ3　入力した文章をファイルとして保存する

入力した文章を保存しておきましょう。

保存する先は，パソコン本体の中にあるハードディスク（Cドライブ）やUSBメモリ（ドライブは適宜指定されます）の場合が多いでしょう。ドライブについては，1.6節を見てください。

メニューバーの［ファイル］をマウスで選択するとボックスが現われます。そこから［上書き保存］または［名前を付けて保存］を選べば，文書を保存することができます。

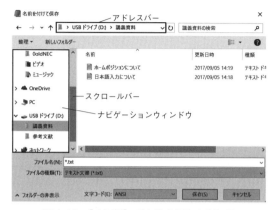

図1-11　［メモ帳］で文書を保存するには

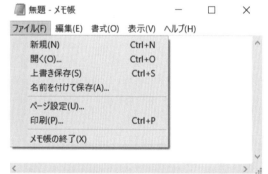

図1-10　［メモ帳］のメニューバーの［ファイル］を選択

ダイアログボックスが開き，保存する場所を聞かれますので，ナビゲーションウィンドウで適切な場所を指示します。右側のボックスに保存可能な場所の一覧が現われるので，適切なフォルダーを選びます。図1-11はUSBドライブ（D:）の講義資料フォルダーに保存しようとしているところです（アドレスバーで選択したフォルダーやファイルのある場所を確認して下さい）。場所を設定したら，ファイル名をつけ（*を消し，好きな名前を記入します），［保存］ボタンを押します。

ステップ4　文書を印刷する

メニューバーの［ファイル］から［印刷］を選べば，文書を印刷することができます。

ステップ5　アプリケーションを終了する

ウィンドウ右上の［閉じる］ボタンをクリックするか，メニューバーの［ファイル］から［メモ帳の終了］を選べば，アプリケーションを終了することができます。

1.6　実践ステップ1-2の詳説

1.6.1　ファイルの操作のしかた

OS（Operating System）

パソコンは，いろいろなことができます。ワープロも打てれば，表やグラフも作れます。インターネットもできるし，高度なプログラミング言語を走らせることもできます。それぞれの作業は特定のソフトが動くことによって行われますが，それらのソフトウェアが働くことのできる土台が必要です。これがOperating System（OS）です。

OSはコンピューター全体を管理・運営するための基礎となるソフトウェアです。代表的なOSにMicrosoft社のWindows 10，Apple社のMac OS Xなどがあります。また，フリーのOSであるLinux

というものもあります。

少し難しい話になりますので深くは立ち入りませんが，異なるOSを用いているパソコン間での情報のやり取りには注意が必要です。

ファイルのやり取りをする場合，相手がそれを作成したアプリを持っているかどうかに加えて，どんな環境（機種）のパソコンを用いているか，OSは何かに気をつけなければなりません。また，メールのやり取りでも，せっかく送ったメールが文字化けで読めないといったことのないように，相手のOSに注意を払う必要があります。異なる環境で表示させると文字化け等を生じる環境（機種）依存文字には注意しましょう。

多くの場合，注意を払うことや少し準備をすることでトラブルを回避することができます。お互いが不愉快な思いをしないために，パソコンに慣れてきたら，ぜひ，OSや互換性に関わる最小限の知識を身につけるようにしましょう。

アプリケーションソフトウェア

パソコンでは，OS以外に，さまざまな応用（アプリケーション Application）ソフトウェア（アプリ）を利用することができます。どのようなアプリが利用可能か（インストールされているか）は，ファイル操作プログラムの［エクスプローラー］で確かめることができます。

ワープロソフトのWordや表計算ソフトのExcelが，アプリの代表例です。

ファイルを操作するには

プログラムや文書，作業結果などは，その1つ1つがファイルという形でパソコンに保存されます。このためファイルの数はとても多くなります。ファイルを整理するための入れ物をフォルダーと呼びます。フォルダーの中にさらにフォルダーを置くこともできます。

ファイルやフォルダーの操作をしたいときは，タスクバーにある［エクスプローラー］ボタンをクリックし，起動します。図1-12の画面が現れます。

図1-12　エクスプローラーの画面

フォルダーを新しく作成したい

新しいフォルダーをつくりたいドライブまたはフォルダーを選択します（マウスでクリックすると，色が反転します）。次の例を見てください。［ドキュメント］フォルダーを選択しました。右側の窓に，そのドライブやフォルダーに含まれるフォルダーやファイル名が一覧表示されます。

次に，［ホーム］タブの［新しいフォルダー］ボタンをクリックします（図は，クリックするためにマウスを［新しいフォルダー］に近づけたところです。ポップアップウィンドウに説明が表示されます）。

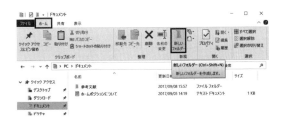

画面の表示が変わり，新しいフォルダーが作成され，「新しいフォルダー」という文字が青く反転表示されています（このフォルダーにはまだ名前が付いていません）。

ファイルやフォルダーに名前を付ける

ファイルやフォルダーには必ず名前を付けなくてはなりません。ファイル名は日本語でも英数字でも構いませんが，その内容が（後になっても）はっき

りわかるような名前をつけるようにします。たとえば，上の操作で作成したフォルダーの名前は「新しいフォルダー」になっています。そのままでもパソコンの操作上は問題ありませんが，おそらく後で何のために作成したフォルダーだったかわかりにくいでしょうから，あなたにとってわかりやすい名前を付けてください。

　名前の長さはかなりの長さまで可能ですが，あまり長くならないようにしましょう（半角文字で8文字までというのが1つの目安です）。なお，*¦<>?/¥:" などの記号はファイル名に使うことはできません。日本語の入力のしかたは，1.6.4項を参照してください。名前は一度つけても，あとで簡単に変更することができます。

ファイル名の変更

　ファイル名を変更するには，いくつかの方法があります。

- そのファイルの名前を選択してから，［ホーム］タブの［整理］グループから［名前の変更］を選択する。

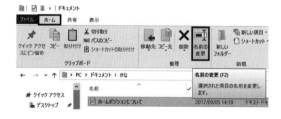

- そのファイルの名前を右ボタンクリックして，現れたメニューから［名前の変更］を選択する。

- そのファイルの名前を選択し，もう一度クリックして，名前の部分のみを青く反転させる。

＊名前の変更の際，拡張子に注意してください。
　拡張子は，多くの場合3文字のアルファベットからなり，ファイル名の後にピリオドをはさんで記述することで，そのファイルの属性（特性）を表します。テキストタイプのファイルの場合拡張子は txt というように，それを作成するのに用いたアプリの種類やバージョン（版）に応じて，独自の拡張子がファイル名の後につきます（例．Word は docx（ただし，Word97-2003 は doc），Excel は xlsx（ただし，Excel97-2003 は xls）など）。パソコンは，さまざまな操作の際に，拡張子を見て，「これは Word のファイルだ」とか「画像ファイルだ」などと判断しています。このように拡張子はファイルの属性と密接に結びついていますので，これを勝手に変更すると，最悪の場合そのファイルを作成したアプリで開けなくなることもあります。
　標準の設定では，拡張子は画面に表示されません。拡張子を表示するには，［エクスプローラー］で［表示］タブの［ファイル名拡張子］にチェックを入れます。

ファイルのコピーや移動，消去

- そのファイルの名前を選択してから，［ホーム］タブの［クリップボード］グループから［コピー］（または［切り取り］，［整理］グループの［削除］）を選択します。
- そのファイルの名前を右ボタンクリックして，現れたメニューから［コピー］（または［切り取り］，［削除］）を選択して行います。

1.6.2　アプリケーションの操作のしかた

アプリの起動

　アプリを起動するにはいくつかの方法があります。

- スタートメニューでアプリ一覧からそのソフトを探し，そのアイコンや名称をクリックすればアプリが起動します。
- 既にそのソフトで作成したファイルがある場合には，そのファイルのアイコンをダブルクリッ

クすればファイルが開き，自動的にそのアプリが立ち上がります。

次の図は［エクスプローラー］画面で［ドキュメント］フォルダーを選択して，その中身を確認したところです。「拡張子の説明」と「説明会資料」というファイル名のWord文書のアイコンが見えます（ただし，アイコンの柄も拡張子も異なるので保存形式が異なることがわかります）。このアイコンをクリックすると自動的に［Microsoft Office Word］が立ち上がり，このファイルが開きます。

例．印刷する場合，［ファイル］タブの［印刷］→［印刷］をクリックする

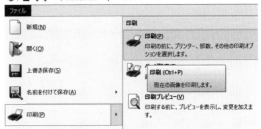

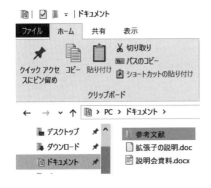

アプリでのコマンド操作

アプリ内でのさまざまな操作を行うには，3通りの方法があります。
① ウィンドウのメニューバーから，マウスでコマンドを選択
  例．印刷する場合，メニューバーの［ファイル］から［印刷］を選択する

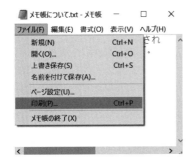

② ウィンドウのツールバーから適切なタブ（，グループ）を選択し，アイコンボタンをマウスでクリック

アイコンボタンは直感に訴える図柄となっています。また多くのソフトではアイコンボタンにマウスのポインターを持っていくとコマンドの説明が表示されます。
③ ショートカットキーを，キーボードから入力する（この方法は，中級向き）
  例．印刷をする場合のショートカットキーは［Ctrl］キーと［P］キーを同時に押す

代表的なコマンドには，ショートカットキーが対応しています。メニューバーからコマンドを選択する際のウィンドウに表示されています。［Ctrl］キーやファンクションキーをよく使います。ショートカットを覚えると操作が速く行えるようになります。パソコンの操作に慣れてきたらチャレンジしてください。

アプリが違っても，メニューバーの表示には似通った部分がかなりあります。多くのアプリに共通する，よく使うコマンドの例を挙げてみます。
［ファイル］
  新規作成（そのアプリで，新しいウィンドウを開きます）
  開く（そのアプリで，既に作成したファイルを開きます）
  上書き保存（開いているウィンドウの内容を，元のファイルを塗りつぶす形で保存）
  別の名前で保存（現在開いているウィンドウの内容を，元のファイルとは別に保存）
  ページ設定（印刷時のレイアウトを設定します）
  印刷プレビュー（印刷時にどのような状態にな

るか，画面上で表示します）
　印刷（現在開いているウィンドウの内容を，紙やファイルに出力します）

［編　　集］
　切り取り（またはカット）＊（対象となる箇所をそこには残さず移動）
　コピー＊（対象となる箇所を，そこにも残し別の部分にも複写）
　貼り付け（またはペースト）＊（カットまたはコピーされた部分を，選択した箇所に貼り付け）
　検索（特定の文字や文章を，そのファイル全体から探します）
　置換（特定の文字や文章を，そのファイル全体から探し，指定した文字・文章に置換）
＊［切り取り］［コピー］［貼り付け］といった編集コマンドは，別の（アプリの）ファイルとの間でも行うことができます。レポート作成のときなど，Wordで文章を打ち，Excelで作成した表やグラフを貼り付けるといったことも簡単にできます。

［書　　式］
　さまざまな文字飾りや文書のレイアウトに関するコマンドがあります。よく用いるもの（たとえばフォントの種類・大きさ，太字（ボールド）＊，イタリック＊，下線（アンダーライン）＊，左寄せ＊，中央揃え＊，右寄せ＊，など）はツールバーのアイコンボタンで命令することもできます。

　上記の＊印のついたコマンドを利用するときには，まずその対象をはっきりさせなければなりません。「どうする」だけでなく「何を（または，どこへ）」，「どうする」をきちんと示してやらないとパソコン（アプリ）は正しく反応してくれません。「何を」や「どこへ」を指定しないでこれらの作業を行おうとしても，コマンド名の文字の色が黒ではなく灰色になっていて選択をすることができません。
　コマンドの後ろに▶ボタンがあるときはさらに右側に新しいメニューが出ますので，そこから選択を行ってください。また，コマンドの後ろが「...」となっているときは，そのコマンドを選択すると，次にその具体的な内容について問われることを意味しています（たとえば，［開く］を選択すると，"どのファイルを開けるんですか"と聞かれます）。

　これらの操作法についてわからないときは，マニュアル等で調べるのが一番ですが，アイコンボタンの近くにマウスを持って行ったときに現れる説明文を読んだり，ヘルプ機能を活用したりしてください。ヘルプは，画面上で使うマニュアルのようなもので，操作方法や用語の意味などを説明してくれます。目次から探す方法と，キーワードを指定して探す方法があります。

ヘルプの利用
　ヘルプ機能を利用するには，メニューバーから［ヘルプ］を選択するか，右に❷マークがある時はそこをクリックしてください。

ファイルの保存
　操作中にどのようなことが起きるかわかりませんから，作業中はこまめに保存するくせをつけてください。たとえあなたが作業を間違え（たつもりが）なくても，突如画面に「……不正な操作を行ったので，このアプリケーションを終了します」などと表示されるかもしれません（実際，こういうことが結構起きます）。こまめに保存をしておけば少なくともその段階までの作業結果は残すことができます。
　ファイルの保存は，ハードディスクやUSBメモリに行います。
　保存の方法には，［上書き保存］と［名前を付けて保存］の2つがあります（ただし，そのファイルを初めて保存するときには2つの区別はありません）。あるファイルを開いて，何らかの編集を行った後で保存する場合，［上書き保存］は元のファイルを塗りつぶします。
　［名前を付けて保存］は，元のファイルはそのままにして，修正したファイルを別の名前のファイルとして保存します。場合に応じて使い分けます。
　メニューバーの［ファイル］から［名前を付けて保存］を選択すると，［名前を付けて保存］というウィンドウが表示されます。ナビゲーションウィンドウから適切な保管場所（ここでは，USBドライブ（D:)にある［講義資料］フォルダー）を選び，［ファイルの種類］に問題ない（ここではテキスト文書）ことを確認し，［ファイル名］に適切な名前を付けたら（ここでは，保存練習とつけました），ウィンド

ウ右下の保存ボタンを押します。アクセスランプが点滅している間は，USB メモリをはずさないようにしましょう。

印　刷

　作成した文書を印刷（プリントアウト）するときは，まず，文字や数字の入力をきちんと終えます（確定）。そして，そこまでの成果をいったんきちんと保存します。

　メモ帳にはありませんが，多くのアプリには「印刷プレビュー」という機能があります。この機能を用いて，実際に紙に印刷する前にパソコンの画面上で確認してみましょう。ここでは［ペイント］を例にとります。

　メニューバーの左端を選択し，［印刷］から［印刷プレビュー］ を選択すると，画面上に印刷した際のイメージが表示されます。その形で印刷してよいかどうか確認してください。文書の場合は，末尾や全体のバランスがチェックポイントです。表やグラフの場合は，表の一部だけがはみ出したり，グラフが 2 枚にまたがっていないか，気をつけてください。

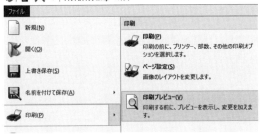

　それでよい場合は［印刷］を押します。問題がある場合は［印刷プレビューを閉じる］を押し，文書の手直しをしたり，印刷の方式を変更したりします。紙の向きや縮小倍率の変更，レイアウトの調整（余白や文字数の設定）をすることができます。調整後再度プレビューして，表示が気に入るまでこの操作を繰り返します。

　最後に，紙に印刷します。印刷するには，メニューバーやツールバーから［印刷］を選択します。印刷するページや部数を確認（または設定）し，どのプリンターから出力されるか確認して，［OK］を押します。

1.6.3　記憶装置の使い方

　パソコンで作業を行った後，その結果を保存しておきたいことがあります。そのようなときに用いられるのが，記憶装置です。記憶装置には，本体内部にあるハードディスク（HD）以外に，USB メモリ，CD-ROM，DVD などさまざまな媒体（メディア）を用いるものがあります。

パソコンの記憶装置

　［エクスプローラー］ボタンをクリックし，［PC］を選択すると，［デバイスとドライブ］にそのパソコンに接続されている記憶装置の種類一覧が表示されます。Windows パソコンでは，C ドライブが（システムの入った）ハードディスクです。ここで，ドライブとは，データを読み書きする装置のことです。ドライブには，簡単に区別できるように，C:，D:といったドライブ名（ドライブレター）が付けられています。D ドライブのアイコンをクリックすると，リムーバルディスク（ここでは USB メモリ）の中にどのようなフォルダーやファイルがあるか，それらの大きさや種類，更新（作成）日時を知ることができます。

示す2つの方法があります。
・キーボードの［半角/全角］キーを押す
・マウスで，通知領域の［A］（または［あ］）をクリックする

なお，通知領域のIMEのアイコンを右ボタンでクリックして，詳細なIMEのオプションを表示させ，適切なモードを選択することができます。

ファイルやメディアの容量について

コンパクトながらより大容量の新しい記憶媒体（メディア）が続々と誕生しています。たとえばUSBメモリには「8GB」「16GB」などと表示されていますが，これはどういう意味でしょうか。

ここで，ファイルやデータの容量を測る単位について学びましょう。バイトという単位が基本です。英数半角文字1文字を記憶させる容量が1バイト，日本語文字の場合は1文字に2バイトが必要です。バイト（B）をもとに，1024B=1KB（キロバイト），1024KB＝1MB（メガバイト），1024MB＝1GB（ギガバイト）と約1000倍おきに単位があります（1024は2の10乗）。パソコンの世界では2進法を基本とする表現が多くあります。なお，1024ではなく1000が用いられている場合もあります。

1.6.4 日本語入力のしかた

ここでは，Microsoft IME（MS-IME）という日本語入力変換方式を例にとって，ローマ字入力について説明を行います。

文字入力を行う際には，日本語が入力できるモードと英数字が入力できるモードの2つのモードがあることに注意してください。どちらのモードになっているかを見分けるには，通知領域を見ます。表示されている文字が［あ］なら日本語入力モードがオン，［A］ならオフです。

日本語入力のオン/オフを切り替えるには，次に

エディターやワープロソフトを立ち上げ，日本語入力モードになっていることを確認したら，キーボードから文章を入力してみましょう。カーソル（画面上の点滅しているI字の点）の位置に入力することができます。

ローマ字で文章を打っていくと，（打ち間違いがなければ）画面にはひらがなの文章が現れてきます。それでよければ［Enter］キーを押して確定してください。

＊日本語を入力する場合，［Enter］キーを押して初めて確定されます。画面上で見えている文字はまだモニタ上にあるだけで，［Enter］キーを押して初めてパソコン本体に送られ確定されます。

ひらがなは入力して確定するだけですみますが，それ以外の場合は変換が必要です。変換には，［スペース］バーとファンクションキーを用います（ただし，よく使う単語の場合は，［スペース］バーを押すだけで変換されることもあります）。主な入力・変換方式を次に示します。

カタカナ（全角）に変換したい場合：［F7］キーを押す

アルファベット（全角）に変換したい場合：［F9］キーを押す

漢字に変換したい場合：［スペース］バーを押す（希望の漢字が出るまで，繰り返し［スペース］バー

を押してください。メニューが出たら，該当する番号をキーボードから入力したり，その箇所をマウスでクリックしたりして選択することもできます）。

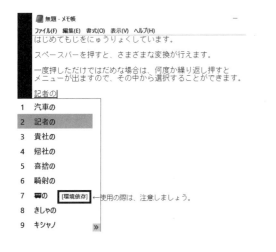

また，カタカナやアルファベットは[F8]キーを押すことで，半角に変換することもできます。ただし，メールなど，他機種・他 OS でも利用することが考えられる場合には，**決して半角カタカナ文字を使わないように**気をつけてください。文字化けの原因になります。

　カタカナ（半角）に変換したい場合は：[F7]キーを押し，続けて[F8]を押す
　アルファベット（半角）に変換したい場合は：[F9]キーを押し，続けて[F8]を押す
いずれの場合も，確定するために[Enter]キーを押します。

キーボードの上段の文字，記号，アルファベットの大文字を打ちたいときには[Shift]キーを押しながらそのキーを打って下さい。連続して，アルファベットの大文字を打ちたいときには，[CapsLock]キーが便利です（逆に，何もしていないのに大文字になってしまう場合は誤ってこのキーが押されている可能性が高いです）。

そのほかに，次のキーをよく用います。
　空白の入力には：（入力を確定してから）[スペース]バーを押す
　空行の入力には：[Enter]キーを押す
　入力間違いには：[Delete]キー（カーソルのある文字を消す）または[Back Space]（カーソルのある前の文字を消す）で間違った文字を消去します。

はじめのうちは単語ごとに入力や変換，確定を行ってみるといいでしょう。しかし，慣れてきたら，文章全体あるいはいくつかの文章を続けて入力して一括で変換してみましょう。このとき，文節の区切り方が悪いためにうまく変換がされないことがありますが，そういう場合，**文節の区切りを短く（長く）する**ために，[Shift]キーを押しながら[←]（[→]）キーを押すことで，正しい変換が行われるようにしてください。

ここでは説明を省略しますが，文字入力の設定をいろいろ行えば，記号を入力したり，読みのわからない漢字を入力することもできます。パソコンの操作に慣れてきたら，チャレンジしてください。

それでは，実際にいくつか練習してみましょう。

［練習問題 1-1］ 次の文章を入力してください。
　　はじめてのぱそこん
　　初めてのパソコン

　　登録してあるアプリケーションの一覧
　　操作パレットに登録したボタンの削除
　　今日，Microsoft Word の練習をしました。
　　貴社の記者が汽車で帰社した。

　　山梨産のブドウ
　　山梨産野葡萄

［練習問題 1-2］ 次の単語はどのような文字や記号に変換されるか，確認してください。
　　ゆうびん　　ほし　　まる　　しかく
　　さんかく　　かっこ　　から　　いち
　　きごう　　やじるし

付録　ローマ字入力表

- 「ん」を入力するには，次が子音のときは[n]，次が母音やナ行，「ん」で終わる場合には[nn]または[xn]を入力します。
  - 例．kansai→かんさい　　anni→あんい　　zabutonn→ざぶとん
- 促音「っ」を入力するには，それに続く子音を2回入力します。
  - 例．katteni→かってに　　shippai→しっぱい
- 「ぁ」「ぃ」「ぅ」「ぇ」「ぉ」を入力するには，la, li, lu, le, lo または xa, xi, xu, xe, xo といったように l または x を前につけて入力します。

あ	い	う	え	お	が	ぎ	ぐ	げ	ご	きゃ	きぃ	きゅ	きぇ	きょ
a	i	u	e	o	ga	gi	gu	ge	go	kya	kyi	kyu	kye	kyo

か	き	く	け	こ	ざ	じ	ず	ぜ	ぞ	ぎゃ	ぎぃ	ぎゅ	ぎぇ	ぎょ
ka	ki	ku	ke	ko	za	zi / ji	zu	ze	zo	gya	gyi	gyu	gye	gyo

さ	し	す	せ	そ	だ	ぢ	づ	で	ど	くぁ				ぐぁ
sa	si / shi	su	se	so	da	di	du	de	do	kwa				gwa

た	ち	つ	て	と	にゃ	にぃ	にゅ	にぇ	にょ	しゃ	しぃ	しゅ	しぇ	しょ
ta	ti / chi	tu	te	to	nya	nyi	nyu	nye	nyo	sya / sha	syi	syu / shu	sye / she	syo / sho

な	に	ぬ	ね	の	ば	び	ぶ	べ	ぼ	じゃ	じぃ	じゅ	じぇ	じょ
na	ni	nu	ne	no	ba	bi	bu	be	bo	jya / zya / ja	jyi / zyi	jyu / zyu / ju	jye / zye / je	jyo / zyo / jo

は	ひ	ふ	へ	ほ	びゃ	びぃ	びゅ	びぇ	びょ	ちゃ	ちぃ	ちゅ	ちぇ	ちょ
ha	hi	hu / fu	he	ho	bya	byi	byu	bye	byo	tya / cya / cha	tyi / cyi	tyu / cyu / chu	tye / cye / che	tyo / cyo / cho

ま	み	む	め	も	ぱ	ぴ	ぷ	ぺ	ぽ	つぁ	つぃ	とぅ	つぇ	つぉ
ma	mi	mu	me	mo	pa	pi	pu	pe	po	tsa	tsi	twu	tse	tso

や	いぃ	ゆ	いぇ	よ	ぴゃ	ぴぃ	ぴゅ	ぴぇ	ぴょ	てゃ	てぃ	てゅ	てぇ	てょ
ya	yi	yu	ye	yo	pya	pyi	pyu	pye	pyo	tha	thi	thu	the	tho

ら	り	る	れ	ろ	ふぁ	ふぃ		ふぇ	ふぉ	ぢゃ	ぢぃ	ぢゅ	ぢぇ	ぢょ
ra	ri	ru	re	ro	fa	fi		fe	fo	dya	dyi	dyu	dye	dyo

わ	うぃ	う	うぇ	を	ふゃ	ふぃ	ふゅ	ふぇ	ふょ	でゃ	でぃ	でゅ	でぇ	でょ
wa	wi	wu	we	wo	fya	fyi	fyu	fye	fyo	dha	dhi	dhu	dhe	dho

			ん	みゃ	みぃ	みゅ	みぇ	みょ	りゃ	りぃ	りゅ	りぇ	りょ
			n / nn	mya	myi	myu	mye	myo	rya	ryi	ryu	rye	ryo

電子メールを使ってみよう

この章では，電子メールの利用について
- ■電子メールとは
- ■電子メールを作成・送信するには
- ■電子メールを受信するには
- ■電子メールを返信・転送するには
- ■ネチケットとは

について学びます。

2.1 電子メールとは

電子メールは，あるコンピューターのユーザー（利用者）が，別のコンピューターのユーザーに対して，メッセージを送る仕組みであり，**インターネット**においては，コミュニケーションのための基本機能となっています。電子メールを使うと，どんなに離れている人にでも，短時間でメッセージを送ることができます。しかも，受け取る人は好きなときに読めばよく，電話のように作業を中断されることもありません。また，時差を考える必要もありません。電子メールは，インターネットが普及するずっと以前から，学校などの **LAN** や**パソコン通信**などでも利用されていました。しかし，インターネットの電子メールは，その届く範囲の広さにより，それらと大きく異なっていると言えるでしょう（全世界とのやり取りが可能）。

インターネットの爆発的な普及により，多くの人がその多彩なサービスを日常的に利用しています。この章では，大衆化したインターネットを使っていく上での注意点を知り，インターネットのサービスの1つである電子メールの利用法を身につけましょう。

電子メールアドレス

電子メールは，全世界の人とのやり取りが可能であることは，前述のとおりですが，そのためには全世界で唯一の「名前（宛て先）」が必要になります。それは，通常の（郵便局から送る）手紙と同じように，住所と名前から構成されています。これを**電子メールアドレス**，**e メールアドレス**あるいは単に，**メールアドレス**，**アドレス**と言います。

> あなたの電子メールアドレスを記入しましょう

例として，吹田大学経商学部に在籍している鈴木君のメールアドレスを見てみると，次のようになります。

　　suzuki@keisho.suita.ac.jp

これは，

　　suzuki：ユーザー名（名前に相当）
　　keisho.suita.ac.jp：**ドメイン名**（住所に相当）

のように分けるとわかりやすいと思います。このように，住所と名前を特定することにより，世界で唯一のアドレスが構成されるわけです。

このドメイン名は，次のような意味を持っています。

「日本」の「教育研究機関」の「吹田大学」の「経商学部」

図 2-1　ドメイン名の構成

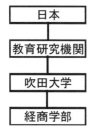

図 2-2　ドメイン名の階層

　日本のドメイン名(JPドメイン)は，JPNIC (Japan Network Information Center) により管理される属性型（組織種別型），地域型と JPRS (Japan Registry Services Co., Ltd.) が管理する汎用型に分類されます。ここでは，インターネットの初期から存在する属性型を例に紹介します。

　日本のアドレスの場合どの型であれ，一番右の jp は固定的ですが，属性型の場合，次（左側）の部分はその組織の性格により，おおよそ次のようになります。

> ac：教育研究機関，co：企業，ne：ネットワークサービス提供者，go：政府機関，or：上記以外の組織

　メールの送信・受信を行うためには，Microsoft Outlook Express や Mozilla Thunderbird などの電子メールクライアント（一般的には，メールソフトウェアと呼ぶ）を用いる場合と，Microsoft Internet Explorer などのWebブラウザーを用いる(Webメールと呼ぶ)場合，のいずれかの方法をとることになります。

　次節では，管理の容易さから急速にユーザーを増やしている Web メールの使い方を紹介します。Web メールは，Web ブラウザーとインターネット環境さえあれば，外出先からでも容易にメールにアクセスできるというメリットがあります。

2.2　実践問題
Office365 メールを用いた電子メールの利用

　教育機関で比較的多く採用されている Web メール Office365 メールを利用して電子メールの送信，受信，返信などを行ってみましょう。Office365 メールは，Microsoft 社の開発によるオールインワンのクラウドサービス Office365 内の Exchange Online により実現しています。

2.3　実践ステップ

ステップ 1　Office365 ポータルへのサインイン

①　Web ブラウザーから Office365 ポータル (https://portal.office.com) に「アカウント」を入力し，Enter キーを押します（Tab キーを押したり，ここで，アカウントは「利用者ID@ドメイン名」の形式で入力します）。

図 2-3　サインイン画面(1)

＊ Enter キーを押す代わりに，Tab キーを押したり，「パスワード」のエリアをクリックしても構いません。

②　「リダイレクト中」のメッセージが出たら，しばらく待ちます。

図 2-4　リダイレクト

③ 「パスワード」を入力し,「サインイン」をクリックします。

図 2-5　サインイン画面(2)

▶このとき，パスワードの欄には●（黒丸）しか表示されません。

④ 「ホーム画面」が表示されます。

図 2-6　Microsoft Office ホーム

＊「Office365」をクリックすると「ホーム画面」に戻ります。

⑤ 「メール」をクリックすると，メール画面が表示されます。

図 2-7　メール画面

ステップ2　Office365メールの終了（ログアウト）

Office365 メールを終了する場合は，ログアウトをする必要があります。きちんとログアウトをしないでブラウザーを直接クローズすると，作業中のファイルなどが PC 上に残る可能性があり，セキュリティ上，好ましくありません。

① 右上のユーザー名が表示されているエリアをクリックします。

図 2-8　マイアカウント

② 「マイアカウント」内の「サインアウト」をクリックすると，図 2-9 が表示されます。

図 2-9　サインアウト

ステップ3　電子メールの作成と送信

① 「ホーム画面」の［新規作成］をクリックすると，「閲覧ウィンドウ」にメール作成の初期画面が表示されます。

図2-10　メール作成ウィンドウ

② ［宛先］，［件名］等を入力します。［差出人］は自動的に表示されます。

　少なくとも，［宛先］と［件名］を入力しなければなりません。その他は，必要に応じて利用します。

　ここでは，以下のように入力してみましょう。

　　宛先：隣の席の人のメールアドレス
　　CC　：自分のメールアドレス
　　「件名を追加」のエリア：メールの練習

③ 「ここにメッセージを追加するかファイルをドラッグします」と書かれたエリアをクリックして本文を入力します。

　ここでは，「メールの送信」と入力します。

図2-11　メールの作成

④ メールが完成したら，［送信］ボタンをクリックします。

　＊複数の宛先にメールを送信するためには，［宛先］にアドレスを列挙する（アドレスとアドレスの間は半角のカンマ「,」で区切る）方法と，［CC］や［BCC］を用いて同報の宛先を指定する方法があります。

ステップ4　電子メールにファイルを添付する

　通常の電子メールは，もっぱらテキスト文書のやり取りを行いますが，ExcelやWordなどで作成したファイルを，メールに添付して送付することもできます。ファイルを添付する操作以外は，通常のメール送信と同じです。

≪メールにファイルを添付する方法≫

① 「添付」ボタンか「クリップ」ボタンをクリックします。

図2-12　ファイルの添付

② ［コンピューター］をクリックすると，「アップロードするファイルの選択」ダイアログが表示されます。

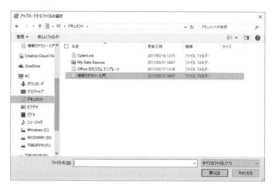

図2-13　「アップロードするファイルの選択」ダイアログ

③ ［アップロードするファイルの選択］ダイアログで，ファイル（ここでは，Wordファイル「文字入力の練習」）を選択し，［開く］ボタンをクリックします。

図2-14 添付ファイルの指定

④ ［コピーとして添付］ボタンをクリックします。

図2-15 ファイルの共有方法の指定

⑤ 完了すると，本文欄に添付ファイルの名称が表示されます。

図2-16 添付ファイルの表示

▶複数のファイルを添付したい場合には，①〜④の操作を繰り返します。
▶①〜④の代わりに，ファイルを本文欄にドラッグをしても，添付できます。

▶添付ファイルを削除する場合は，当該のファイルの×マークをクリックします。

ステップ5 電子メールの閲覧

① メッセージ一覧で対象のメールをクリックすると，メールの内容が右側の閲覧ウィンドウに表示されます。

図2-17 受信メールの閲覧(1)

① メッセージ一覧で対象のメールをダブルクリックすると，別ウィンドウで表示されます。

図2-18 受信メールの閲覧(2)

＊起動時以外のときに，新着メールの有無をチェックするためには，ブラウザーの［更新］ボタンをクリックします。

ステップ6　受信したメールの添付ファイルを見る

　受信した添付ファイルは，対応するアプリケーションプログラムにより開けたり，編集したり，保存したりできます。添付ファイルを操作する以外は，通常のメール受信と同じです。

① ステップ5で見たように，受信したメールにファイルが添付されている場合は，メッセージ一覧の中にクリップのマークを見つけることができます。

② 当該のメールをクリック（あるいは，ダブルクリック）すると，本文が表示されるとともに，本文欄にファイル名が表示されます。

図 2-19　添付ファイルのあるメール

③ ファイル名のところをクリックすると，Word（あるいは，Word Online など）プレビューウィンドウが表示されます。

図 2-20　添付ファイルの表示

ステップ7　電子メールの返信

　受信したメールに返事を書く場合には，新規メールとして新たに書き起こす方法と，受信したメールの一部を利用しながら文書を作成する方法があります。後者の場合は，新たに送信先のメールアドレスを記述する必要がないなど，いくつかのメリットがあります。ここでは，後者の方法を見ておきましょう。

① メール一覧の中から返信したいメールを選択し，［全員に返信］ボタンをクリックします。

図 2-21　電子メールの返信(1)

＊元のメールの送信者のみに返信したい場合などは［全員に返信］ボタンの横にある˅を，ボタンをクリックし，「返信」を選択します。また，「転送」などもこのメニューから選択できます。

図 2-22　電子メールの返信(2)

② スレッドに返信メールのひな型が，追加・表示されます。

図 2-23　返信メールの作成画面の初期状態

▶「展開」ボタン ↗ をクリックすると，返信メールの作成画面が拡張されます。

図 2-24　返信メールの作成画面を拡張した状態

▶［宛先］には元のメールの送信者のメールアドレスが自動的に表示されます。
（［全員に返信］ボタンを用いた場合には，［CC］にもメールアドレスが表示されることがあります。）
▶［件名］には元のメールの件名の先頭に，「RE:」が付いたものが表示されます。ここで，「RE」は返信メールであることを表しています。
▶［本文］には元のメールが表示されます。

③ 本文を編集して，次のように「メールの返信」と入力します。

図 2-25　返信メールの作成

④ メールが完成したら，［送信］ボタンをクリックします。

図 2-26　返信メール送信後のメール画面

ステップ8　電子メールの転送

メールの転送も，基本的には返信の場合と同様です。違いは，[返信]の代わりに[転送]を用いることぐらいです。

[件名]のところに自動的に転送を表す「FW:」が付いていること，本文の文末に，元のメールが引用されていることに注意してください。

2.4　実践ステップの詳細

ステップ1　Office365 ポータルへのサインイン

メールのホーム画面

Office365 メールを起動したときに最初に表示される画面を「ホーム画面」と言います。言わば，Office365 メールの入り口といったところでしょう。

①アプリランチャー：Word などの Office365 のオンラインアプリケーションを選択することができます。
②トップメニュー：「ホーム」画面に戻ります。
③通知：新しい通知を表示します。
④設定：各種設定（メールの署名，転送など）ができます。
⑤ヘルプ：オンラインヘルプを表示します。
⑥マイアカウント：個人情報の表示，割り当てられているライセンス情報の表示，Office 365 の操作のカスタマイズなどができます。「サインアウト」もここからできます。
⑦「メールとユーザーの検索」ボックス：メールタイトルや本文中のワードなどにより，メールの検索ができます。名前やメールアドレス

図 2-27　転送メールの作成画面を拡張した状態

図 2-28　メールのホーム画面

などにより，過去にメールのやり取りをした連絡先やあらかじめ登録した連絡先などの検索ができます。

⑧新規作成： 新しくメールを作成することができます。予定表イベントの作成もできます。

⑨コマンドバー： 選択したメールに対し，「返信」，「削除」などの操作ができます。

⑩フォルダー一覧： メールボックス内のフォルダーが表示されます。フォルダーごとにメールを振り分けている場合は，各フォルダーをクリックすることでそのフォルダー内のメールを表示できます。

⑪メッセージ一覧： 選択したフォルダー内のメールが表示されます。

⑫閲覧ウィンドウ： 選択したメールの内容が表示されます。

⑬ボタンバー： 「メール」，「予定表」，「連絡先」，「タスク」を切り替えることができます。

また，タブに▼がある場合は，それをクリックしてサブメニューにダイレクトに移動することができます。

ステップ3　電子メールの作成と送信

メール作成の画面では，少なくとも［宛先］と［件名］を入力しなければなりません。その他は，必要に応じて利用します。

① ［宛先］には，メールの送信先のアドレスを入力します。複数の人に同時に送りたいときには，メールアドレスとメールアドレスの間にカンマ（,）を用いて併記します。

　Ex. suzuki@keisho.suita.ac.jp,tanaka@keisho.suita.ac.jp

　＊メールアドレスの入力には，主に3つの方法があるので，使い分けるといいでしょう。［CC］や［BCC］の入力も同じようにすることができます。

　(1) メールアドレスを直接入力する（過去に入力したものであれば，入力補完機能で候補が表示されます）。

　(2) 宛先入力エリアをクリックして表示される「連絡先候補」リストの中から選択する。

　(3) メール作成画面の［宛先］ボタンをクリックし，表示された連絡先リストから選択する。

図2-29　メール作成画面

ここで，[CC] は Carbon Copy の意味で，メールのコピー（同内容）を送信したい相手先のメールアドレスを指定します。[宛先] と同様に，メールアドレスを併記できます。

[件名を追加] には，これから送ろうとするメールの内容を端的に表現したものを記入します（論文やレポートのタイトルに相当します。受信者にわかりやすいものを必ず記入するようにしましょう）。

その下のスペースには，メールの内容を書きます。
② [BCC] は Blind Carbon Copy の意味で，基本的にはCCと同じですが，CCと違って送信したメールのヘッダーにこの欄が現れないので，受信者に誰にコピーを送信したかがわからないようになっています。入力の方法は，[宛先] や [CC] と同様です。
③ [添付] では，ファイルを選択して添付することができます。通常の添付方法は「コピーとして添付」を選択します。
④ 「…（その他の操作）」では，「下書きの保存」，「署名の挿入」などの操作ができます。
⑤ 「別のウィンドウで編集」では，別ウィンドウを表示して，編集できます。
⑥ 「マイテンプレート」では，よく使用する文言を登録し，本文中に挿入することができます。
⑦ [送信] ボタンはメール送信時に利用します。
⑧ [破棄] ボタンをクリックすると，作成中のメールを中止し，メールホームに戻ることができます。

署名（Signature）の設定

電子メールを送信する場合，その内容の最後の部分に，自分の名前や学籍番号，電子メールアドレスなどを書くことがあります。これを署名(Signature)といいます。Office365 メールでは，よく使う署名をあらかじめ登録して使うことができます。また，複数個の署名を登録することにより，TPOにあった署名を利用することもできます。

[作成方法]
① ホームメニューから [設定] ボタンをクリックし，表示された設定メニューから「アプリの設定ーメール」を選択します。

続けて，表示された「オプション」メニュー内の「メニューーレイアウトーメールの署名」を選択します。

② 「メールの署名」画面が表示されたら，署名内容を入力します。署名の長さにルールはありませんが，一般的には3～4行，長くても6行までが目安とされています。

必要に応じて，以下のチェックボックスにチェックを入れます。
・「作成する新しいメッセージに自動的に署名を追加する」
・「転送または返信するメッセージに自動的に署名を追加する」
＊ここでチェックを入れていなくても，新規メールの作成などの時点でも，署名を付加することができます。

図 2-30　署名の作成

③ 入力が終わったら，[保存]ボタンをクリックし，署名を保存します。次回からは，新規メール作成時に自動的に署名が挿入されます。

＊作成した署名を編集することができます。

▶編集は，同様の操作により可能となります。編集が終わったら，[保存] ボタンをクリックし，署名を保存します。

ステップ5　電子メールの閲覧

①アプリランチャー：Word などの Office365 のオンラインアプリケーションを選択することができます。
②トップメニュー：「ホーム」画面に戻ります。
③通知：新しい通知を表示します。
④設定：各種設定（メールの署名，転送など）ができます。

図 2-31　メール受信ウィンドウ

⑤ヘルプ：　　　　　　オンラインヘルプを表示します。

⑥マイアカウント：　　個人情報の表示，割り当てられているライセンス情報の表示，Office365 の操作のカスタマイズなどができます。「サインアウト」もここからできます。

⑦「メールとユーザーの検索」ボックス：メールタイトルや本文中のワードなどにより，メールの検索ができます。名前やメールアドレスなどにより，過去にメールのやり取りをした連絡先やあらかじめ登録した連絡先などの検索ができます。

⑧新規作成：　　　　　新しくメールを作成することができます。予定表イベントの作成もできます。

⑨コマンドバー：　　　選択したメールに対し，「返信」，「削除」などの操作ができます。

(a)「全員に返信」をクリックすると，当該メールの From，CC に記入された宛先すべてに返信できます。ˇをクリックすると，その他の返信として「返信」，「全員に返信」，「転送」を選択できます。メール本文の右上にも同様のボタンがあります。

(b)「削除」をクリックすると，当該メールを削除することができます。誤って削除してしまった場合は，「元に戻す」をクリックすれば復活します。

(c)「アーカイブ」をクリックすると，所定のアーカイブフォルダーにメールを移動します。

(d)「迷惑メール」をクリックすると，「迷惑メールとして報告」のダイアローグが開き，迷惑メールとしてメッセージのコピーを Microsoft に送信することができます。また，「フィッシングメール」の報告もできます。

(e)「一括処理」では，削除に関する一括処理が可能です。

(f)「移動」では，当該メールの各フォルダーへの移動を指定できます。

(g)「分類」では，メールごとにカテゴリーで色分けできます。

(h)「…（その他の操作）」では，未開封処理，開封済み処理や印刷などの処理が可能です。

⑩フォルダー一覧：　　メールボックス内のフォルダーが表示されます。フォルダーごとにメールを振り分けている場合は，各フォルダーをクリックすることでそのフォルダー内のメールを表示できます。

⑪メッセージ一覧：　　選択したフォルダー内のメールが表示されます。

⑫閲覧ウィンドウ： 選択したメールの内容が表示されます。
⑬ボタンバー： 「メール」，「予定表」，「連絡先」，「タスク」を切り替えることができます。

2.5 ネチケット
～インターネットを利用するためのルールとマナー～

インターネットは，爆発的な普及により，多くの人がその多彩なサービスを日常的に利用しています。インターネットは，ホームページに代表されるように，不特定多数に向かって情報を発信できるところに大きな特色があります。しかし，その一方で，不用意な情報発信によって見る人に不快感を与えたり，知らず知らずのうちに権利の侵害を犯してしまったりしている例が少なからず報告されています。社会の中で生きていくために法を守らなければならないように，インターネットという社会においてもそれなりのルールを守らなければなりません。このルールは，決して難しいものではなく，よく考えれば当たり前の（もっともな）ものばかりです。インターネットの敷居が低くなったがゆえに（無意識に）犯してしまう犯罪を少しでも削減できればと思います。

ここでは，そういった状況の中で加害者にも被害者にもならないように気をつけるべきことを例をあげることで注意を喚起したいと思います。

2.5.1 インターネット利用上の基本的な事柄（大原則）

インターネットを利用する上で，少なくとも以下のようなことは理解しておきましょう。

インターネットを利用する場合は，自分が接続したネットワークにおける個別のルールを守るだけでなく，その先につながる世界中のネットワークとその利用者に対しても配慮しなければなりません。

インターネットによる情報の受発信において生じるメリットは自分のものですが，それと同時に発生するリスクや社会的責任，さらには法的責任については自分自身が負わなければなりません。

インターネットを利用するためには，ISP（インターネット・サービス・プロバイダー）との契約が前提となります。個人で利用する場合は，大きくは2種類の方法，いわゆるプロバイダーと呼ばれる商業目的の業者を利用する場合と，所属する団体（たとえば，学校，会社など）を利用する場合があります。いずれを利用するとしても，それぞれの団体が定めた『規定』をよく理解し，遵守しなければなりません。

インターネットは，元来，ボランタリーな場であるため，作者の好意によりソフトウェア，画像など多くのものが提供されています。それらは，無償での入手が容易にできます。しかしそれらは，個人的に利用する場合に限り，利用が許可されています。

一方，同じようにインターネット上で公開されていても，商用のものやシェアウェアと呼ばれるものを利用するためには料金が発生するものもあります。当然，これらは無償で利用することはできません。

したがって，入手の容易さに惑わされることなく，その扱い方には十分な注意が必要です。一般的には，利用条件のようなものが表示（添付）されているので，それをよく読めば，間違いを犯すことはないでしょう。

ネットワークには直接関係はありませんが，他人の成果物には著作権等の明記の有無を問わず，基本的には何らかの権利が発生します。当然，商用のソフトウェアは著作権で守られており，違法なコピーにより法的制裁を受けることもあります。大学等で利用するコンピューターには種々のソフトウェアが導入されていますが，それらをコピーすることも立派な犯罪行為であることを十分認識してください。

2.5.2 インターネットでの身の守り方
～セキュリティについて～

ここで言うセキュリティとは，インターネットを安心して利用するための安全対策のことを言います。インターネットは誰にでもオープンで自由な社会ではありますが，未発達な部分も多く，法秩序が完備した状況とは言えません。もちろん，ISPも加入者（利用者）の安全を守る義務がありますが，それだけに期待することはできません。したがって，自分で自分を守るすべを心得ておく必要があります。従来，我が国は安全な社会であると誰もが認識

していましたが，インターネットは全世界につながるものであることを再認識するとともに，あなたもサイバー犯罪に巻き込まれないよう少なくとも次のようなことに注意してください。

ユーザー ID，パスワードについて

インターネット接続のためには，ユーザー ID（ログイン名，ユーザー名等），パスワードは，あなたが正当な利用者であることを示す情報です。それは，ちょうどユーザー ID が銀行のキャッシュカードであり，パスワードは暗証番号に相当します。おそらく，いくら親しいからといって，キャッシュカードを貸したり，暗証番号を教えたりすることはないでしょう。ユーザー ID，パスワードも貸し借りはもとより，その管理には細心の注意を払ってください。

(1) パスワードの管理
- 氏名，生年月日，電話番号など類推できるものはパスワードとして適当ではありません。
- パスワード入力の際には他人に覗かれないように，あるいは他人のものを覗かないようにしましょう（とくに，大学など他人のユーザー ID が容易にわかる場合（学籍番号などから類推できるような場合）は最大限の注意をしましょう）。

(2) 他人のユーザー ID を使わない
- たとえ親しい間柄だとしても，他人のユーザー ID でコンピューターシステムに接続することは，誤解や争いの元となりますから決して行わないようにしましょう。

2.5.3 プライバシーの守り方

インターネット上に個人情報を発信するときには，それによって生じる利益だけでなく，不利益を被る可能性があることを十分理解しましょう。たとえば，懸賞やアンケートを装って個人情報を集め，悪用することもありえます。したがって，銀行口座の暗証番号やクレジットカードの番号はもとより，住所，氏名，電話番号，生年月日などの扱いにも注意しなければなりません。すなわち，自分のプライバシーは自分で守らなければならないということです。

2.5.4 自分の利用しているコンピューターを守る ～コンピューターウィルス～

コンピューターを動かなくしたり，データを破壊したりという障害を引き起こすために悪意を持って作成されたプログラムをコンピューターウィルスと言い，そういった障害を受けたコンピューターはコンピューターウィルスに感染したと言います。コンピューターウィルスはプログラムやデータを媒介として伝染します。したがって，知らない人から送られてきたメールやそれに添付されたファイル，ネットワークからダウンロードしたファイルを開くときには十分注意しなければなりません。また，逆にファイルを提供する場合には，自分が加害者にならないためにも，コンピューターウィルスに感染していないことを確認しましょう。

コンピューターウィルスに感染しないためには，ウィルス検知ソフトを利用し，万一感染してしまった場合にはワクチンプログラムにより早急に対処しましょう。ただし，ワクチンプログラムは万能ではないので，日頃からこまめなバックアップを心がけ，万が一のときの対応に備えましょう。

2.5.5 ネットワークによる不正行為

次のようことは，犯罪行為ですから，絶対にしてはいけません。

▶アクセスが許されていないコンピューター内へ侵入し，不正行為を行う（クラッキング）
　(a) データの改ざん
　(b) データの盗み見
　(c) コンピューターの不正利用
　(d) コンピューターの不正運用（停止など）
▶他人のパスワードを盗む
▶他人の電子メールを偽造する
▶コンピューターウィルスの配布
▶メール爆弾
▶スパムメール
▶チェーンメール
▶インターネット上を流れるデータの盗み見，改ざん

≪ことばのまとめ≫
◎コンピューターウィルス

コンピューターウィルスに感染すると，ユーザーの意図とは無関係に自己複製を行い，コンピューターを使用不能にさせるなどの被害を受ける。コンピューターウィルスは，宿主となるファイルが必要であるため，電子メールの添付ファイルや，ネット上で入手可能なプログラム，あるいは USB メモリなどのリムーバブルメディアなどを経由して感染する場合が多い。コンピューターウィルスとは区分されることが多いが，ワーム，スパイウェアなども広義のコンピューターウィルスと言える。ウィルスの出現とワクチンの開発はいたちごっこの状態であるが，インターネットなど外部との接点を持つコンピューターを利用する場合は，ウィルス・セキュリティ対策ソフトウェアの導入は必須のものであると考えるべきである。

◇ メール爆弾

特定のメールサーバーが管理するメールアドレスに集中的にメールを送付すること。この行為により，メールサーバーが処理能力を超え，メールサーバーのシステムダウンを引き起こさせることを目的としている。悪意を持ってこのような行為をする場合と，ダイレクトメールなどで特定のドメインに対して多数のメールを配信するという無意識のものがある。

◇ スパムメール

頼んでもいないのに勝手に送付されてくる（無意味な）メールのこと。その形態は多様で，ポルノサイトからのメール，ねずみ講まがいの商法への勧誘，詐欺商法，ダイレクトメールなどがあります。後述のチェーンメールもその一種です。（cf. http://www.kaiteki-net.com/spamkiller.html）

◇ チェーンメール

電子メール版の不幸の手紙。たとえば，「一定期間にこのメールを 5 人の人に送らないと不幸になります」のようなものです。

＊スパムメールやチェーンメールに対しては基本的に無視の姿勢をとりましょう。応対することにより，加害者となることがあります。

≪参考文献≫

[1] 財団法人インターネット協会「インターネットを利用する方のルール＆マナー集」http://www.iejapan.org/rule/rule4general/main.html, 1999 年 3 月 15 日（2017 年 9 月 24 日現在）

[2] 高橋邦夫「ネチケットホームページ」http://www.cgh.ed.jp/netiquette/, 2003 年 5 月 26 日（2017 年 9 月 24 日現在）

[3] 快適インターネット生活応援マガジン「My Internet Life」http://www.kaiteki-net.com/（2017 年 9 月 24 日現在）

第3章 オープンデータを利用しよう

この章ではインターネットを道具として
学びに役立てる方法である,
- インターネットのしくみ
- 検索の方法
- ファイルのダウンロード
- 役立ちソフト
- 学習のためのポータル
- オープンデータ

について学びます[1]。

3.1 ホームページを見てみよう

インターネットは誰もが情報を発信し,受信することを可能としました。個人や教育機関,企業,公的機関などはホームページを作成し,さまざまな有益な情報を積極的に公開しています。これからの学びにおいては,インターネットで公開されている無数のオープンデータや情報から,必要なものを効率的に見つけ,取得する技術を身につけておく必要があります。本章ではそうしたインターネットを,学びの道具として役立てる方法を学びます。

3.1.1 ブラウザって何？

インターネットでは,世界中のコンピューターで公開されている情報を,ブラウザ（browser）というソフトウェアを用いて統一的な利用環境のもとで閲覧できるようになっています。ブラウザはホームページ（以下,サイトやページということもあります）が提供するサービスを閲覧するためのソフトウェアです。このブラウザを通じてインターネットのほぼすべてのサービスを受けることができます。代表的なブラウザとして, Microsoft の Edge（エッジ）や Internet Explorer（インターネットエクスプローラー）, Mozilla の Firefox（ファイアフォックス）, Apple の Safari（サファリ）, Google の Chrome（クローム）があり,これらは無料で利用できます。この章では, Internet Explorer のバージョン 11（以下, IE と略記します）を用いて説明を進めていきます。

3.1.2 こんなふうにつながっている

まず,次の操作によって IE を起動します。

IE を起動する
- ［スタート］ボタン■をクリックし,表示された［スタートメニュー］より［Windows アクセサリ］→［Internet Explorer］を選択
- タスクバーやデスクトップのショートカット をクリックまたはダブルクリック

IE を終了する
- ［閉じる］ボタン×をクリック

IE を起動すると図 3-1 のような画面が現れます（初期設定で Google を開くようにしています）[2]。このウィンドウの上部には,タイトルバー,［進む］・［戻る］ボタン,アドレスバー,［中止］ボタン,メニューバー,ステータスバー等があります。

IE の代表的なアイコンの機能をまとめると次の

---

[1] 本章で紹介するホームページの画面および URL 等は 2017 年 8 月現在のものです。

図 3-1　IE の初期画面

ようになります（図 3-2 参照）。

- ⬅ ［戻る］：1 つ前の画面に戻る
- ➡ ［進む］：次の画面に進む
- ↻ ［更新］：現在のページを再読み込み

図 3-2　IE の各部の名称

アドレスの構造

メニューバーやアイコンバーの基本的なものは Word や Excel と同じです。まずアドレスバーに注目しましょう。図 3-2 のアドレスバーには，アドレス「https://www.google.co.jp/」が表示されています。この意味は何でしょうか。

アドレスはその名前のとおりインターネットの住所を意味します。URL（Uniform Resource Locator）や「場所」ということもあります。その典型的な表記法は「サービスタイプ：// サーバ名．組織名．組織の属性．国コード」です（アメリカの場合，国コードは省略）。http（Hyper Text Transfer Protocol）は，インターネットが提供するサービスタイプです。最近では通信を暗号化してセキュリティに配慮した「https」（Hyper Text Transfer Protocol over Secure Socket Layer）が使われるようになっています。サービスタイプには他に「ftp」（File Transfer Protocol）があります。次に，www は，WWW（World Wide Web）サービスを提供するサーバ名です。以下はメールアドレスのドメイン名と同じ構造をしています。よってこのアドレスは，「日本にある Google という組織にある WWW サーバで HTTPS サービスを利用」と読むことができます。

リンクをたどる

マウスでポインタを動かしていると，アイコンが手の形🖑に変化する位置があります。その箇所が文字の場合には，色を変えてあったりアンダーラインが引かれていたりするので，見ただけでわかります。その箇所でマウスをクリックすると画面が変化します。たとえば，Google のサイトの左下にある［Google について］をクリックすると，Google について説明するページに移動します。このように文字やアイコン等にある特定のドキュメントを関連づけて（リンクして）おき，それをクリックすることにより関連づけられたドキュメントを閲覧できるようになっています。実際には文字やアイコンだけでなく図，画像などさまざまなものにリンクすることが可能です。このしくみを持ったドキュメントをハイパーテキストと言い，ハイパーテキストを作成する代表的な言語が HTML（Hyper Text Markup Language）です。ブラウザは，HTML で書かれたファイルを人にとって見やすい形で表示するソフトウェアです。

ちなみに，［コマンドバー］の［ページ］ボタンより［名前を付けて保存］を選択すれば，ホームページの内容をハードディスク等に保存することが可能です。保存したファイルは，IE はもちろん Word や Excel で開くことができます。

お気に入りを利用する

［お気に入り］ボタン★をクリックすると，登録されている URL を表示することができます。［お

---

[2] 起動後の初期画面はブラウザの設定によって異なります。［ツール］の［インターネットオプション］より設定することができます。［全般］の［ホームページ］で［空白を使用］を選択しておくと起動時に特定のホームページを開きません。逆に，アドレスを指定しておくことにより，好みの場所を起動時に表示することが可能です。

気に入り]はURLの住所録のようなもので(Firefoxではブックマークと言います)，よく利用するURLをこれに保存しておくと便利です。[お気に入り]の内容を常時表示したい場合は，[お気に入り]をクリックし，左上に表示される[お気に入りセンターをピン留め]ボタンをクリックします(図3-3)。

図3-3　お気に入り

[お気に入り]はエクスプローラーと同じ機能や構造を持っています。フォルダーアイコンやその名前をクリックするとフォルダーを開くことができ，その中にある項目をクリックすることにより，そのサイトに移動します。なお，画面を表示したとき，文字化けする（正しくない記号が表示される）ことがあります。この場合は，[表示]メニューの[エンコード]を用いて表示する言語の種類を変更してみましょう(Firefoxなら[表示]の[文字コードセット])。

URLがわかっていれば，それをアドレスバーに入力して[Enter]キーを押すとそのURLのサイトの内容を閲覧することができます。[お気に入り]には，自分の関心に合ったものを選択して保存しておくことができます。

3.2　検索エンジンで検索しよう

インターネットでは膨大な量のデータ・情報が公開されていますが，通常，自分が必要とするそれらがどこにあるかわかりません。そのため，それを調べる手段が必要となります。そのサービスを提供するのが検索（サーチ）エンジンです。検索エンジンにもいろいろありますが，ここでは代表的なGoogleを中心に紹介します。

3.2.1　Googleで検索

検索エンジンの代表的なものがGoogle（http://www.google.co.jp/）です。これを用いてキーワード

検索の練習をしてみましょう。たとえば，日本銀行のホームページを見たいとします。キーワードを入力するテキストボックスに「日本銀行」と入力し，[🔍]ボタンをクリックしてください（実際には文字を入力して[Enter]でOKです）。すると検索された結果（ヒット結果）の一覧が表示されます（図3-4）。

図3-4　「日本銀行」の検索結果

図3-4の[検索件数]より，日本銀行という語を含むホームページは約500万件あることがわかります。標準の設定では，その最初の10件が表示されます。では何を手がかりとして自分の関心にあったサイトを見つければよいのでしょうか。

タイトルやURL，紹介文等を手がかりとして自分の関心に近いものを選択し（クリックし），リンクされているサイトに訪れて内容を確認してみましょう。ちなみに，日本のURLでac（edu）があれば教育機関，co（com）なら企業，go（gov）なら政府機関を意味します（括弧内は米国の場合）。図3-4の最初の検索結果には，日本銀行のアドレスである「www.boj.or.jp」が示されています。これは，日本（jp）のbojという組織（or：organization）のサイトであることがわかります。日本銀行の英名がThe Bank of Japanであることからbojはその略であることが推測できます。実際，トップに表示されている「日本銀行」をクリックすると日本銀行のホームページを開くことができます。ヒット結果がたくさんある場合は，[設定]の[検索オプション]を利用して，検索条件を絞り込むことも可能です（図3-5）。GoogleではPageRankという計算法により，

利用者が最も必要としていると思われるサイトを推測し，その順に表示します。

図 3-5　検索オプション

　検索したサイトの内容はさまざまです。必ずしも"正しい"ことが記されているとは限りません。質は玉石混交で，内容を判断するのは利用者の責任です。なお，10 件ずつの表示では面倒なので，[設定]の[検索設定]より[ページあたりの表示件数]を50 等に変更し，[保存]ボタンをクリックして設定を保存しておくとよいでしょう。

　Google ではニュース，地図，画像，動画，ショッピングを選択して検索することもできます。たとえば，地図をクリックすると，地図を参照することができます（図 3-6）。

図 3-6　Google マップ（日本銀行）

3.2.2　Yahoo! JAPAN で検索

　Yahoo！ JAPAN（http://www.yahoo.co.jp/）では，情報が「ショッピング」や「ヤフオク！」，「トラベル」，「ニュース」といった形でカテゴリ別に整理されています（下図参照[3]）。これらを選択してクリックすることにより下位のカテゴリが表示され，候補を絞り込んでいくことができます。ファイナンスに関する情報を閲覧したければ，[ファイナンス]をクリックします。このような形で大項目から小項目へとリンク場所をたどっていくことができます。また，キーワードを利用する検索も可能です。

3.2.3　他の検索エンジン

　図 3-7 に示す bing（http://www.bing.com/）はMicrosoft の検索エンジンです。使い方は Help を参照してください。Google と同様，日本語およびその他のさまざまな言語による検索も可能となっています。

---

[3] ここでは通常版のメニューを記しています。[Yahoo! サービス]の上にあるボタンを用いて，通常版とオフィス版を切り替えることができます。オフィス版では，「ニュース」，「天気」，「ファイナンス」，「外為」等のメニュー構成になっています。

図 3-7　bing

　検索エンジン専用のページではなく，IE や Firefox 等では，複数の検索エンジンの機能が組み込まれており，また，組み込むことにより検索エンジンを選択できるようになっていますので，これらを利用するとよいでしょう。IE では，アドレスバーがこの機能を提供しています。

〈検索の練習〉
　各検索エンジンでは利用のしかたを説明しているコーナーがあります。最初はそれらを利用して練習してみましょう。

3.3　データや情報，ソフトウェアをもらおう

3.3.1　官公庁の公開資料もこんなにある

(1) 内閣府

　図 3-8 に示すように，内閣府 (http://www.cao.go.jp/) ではさまざまな情報を公表しています。経済白書に関心がある場合，[白書・報告書] をクリックして，白書・年次報告書等に移動します（図 3-9）。次に [経済財政白書] をクリックし，[経済財政白書／経済白書] の平成 28 年度年次経済財政報告（平成 28 年 8 月 2 日）の全文をクリックすると，目次のページに移動します。HTML 版または PDF 版でこの白書を閲覧またはダウンロードすることができます。

図 3-8　内閣府

図 3-9　白書・年次報告書等

テキストをコピーする
　HTML 版の目次の最初にある [平成 28 年度年次経済財政報告公表に当たって] では，図 3-10 のような内容が公開されています。

図 3-10　平成 22 年度年次経済財政報告

　特定の箇所の説明文をレポート等で引用したい場

合，必要な範囲をマウスで指定し，［編集］メニューより［コピー］後，Wordに貼り付けると正確に引用することが可能です（図3-11）。そのとき，資料があったホームページ名とURL，日付等も入力し，記録しておきましょう。

平成28年度年次経済財政報告公表に当たって

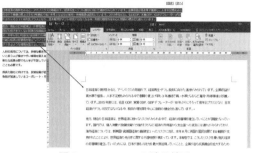

図3-11　Wordへの貼り付け

図や表形式データを取得する

　図や表形式データも同様に，図や表の領域をマウスで指定し，［コピー］してWordやExcelに貼り付けることができます。図の場合，図をマウスで右クリックし，［コピー］を選択し，Word等の貼り付けたい位置で右クリック後，［貼り付け］を選択します。

ファイルをダウンロードする

　内閣府の［統計情報・調査結果］では図3-12のような情報が公開されています（トップページの［統計・調査］をクリック）。

図3-12　内閣府・［統計情報・調査結果］

［景気統計］→［景気動向指数］→［結果の概要］の［個別系列の数値］の［先行系列（Excel形式）］をクリックすると，ファイルに対して行う操作の選択ウィンドウが表示されます。［プログラムで開く］をクリックするとExcelが開かれ，データが入力されたワークシートが表示されます（Excelについては第6〜8章で学びます）。これは，［先行系列］にExcelファイルがリンクされていて，クリックすることにより自動的にダウンロードされ，表示されるからです。

　この内容を自分のUSBメモリやハードディスクに保存するには，先ほどの操作の選択ウィンドウで［保存］をクリックします。開かれたExcelで保存しても構いません。なお，セキュリティの観点からウェブからダウンロードしたエクセルファイルは編集できないよう設定されていることがあります。その場合は，［編集を有効にする］をクリックしてください。

図3-13　内閣府・［景気動向指数］

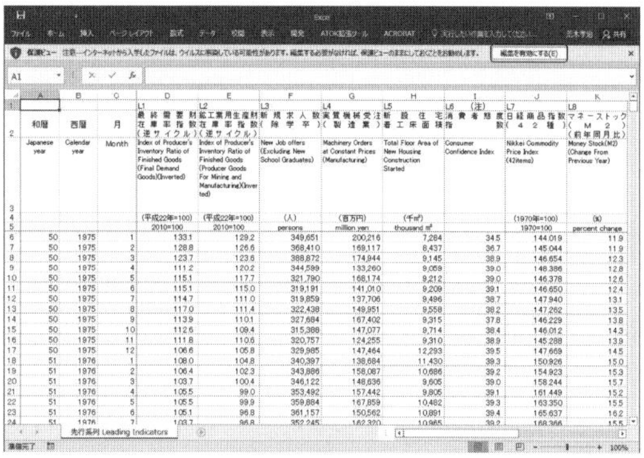

図3-14　表示されたExcelファイル

(2) 日本銀行

日本銀行のトップページ（http://www.boj.or.jp/）で，［調査・研究］の［日本銀行レポート・調査論文］をクリックすると，図3-15のような画面になり，さまざまなファイルをダウンロードできることがわかります。

［金融システムレポート］のタイトルをクリックし，全文[PDF]をクリックすると，ファイル（ここではPDFファイル）の内容が表示されます。リンクされているところでマウスを右クリックし，［対象をファイルに保存］より直接ハードディスクやUSBメモリ等に保存することもできます。

図3-16　経済産業省

図3-15　日本銀行・［レポート・論文］

図3-17　DATA GO JP　データカタログサイト

また，［ワーキングペーパー・日銀レビュー・日銀リサーチラボ］では，ワーキングペーパーが公開されています。ワーキングペーパーとは，専門誌等に正式な論文として掲載されるまでには時間が通常かかるため，早期に公開するための研究・調査報告書のことです。

(3) 経済産業省

経済産業省のホームページ（http://www.meti.go.jp/index.html）でも統計データ，白書・報告書等が公開されています（図3-16）。また，政府関連のデータカタログサイトであるDATA GO JP（http://data.go.jp/）を開設しています（図3-17）。これは，「二次利用が可能な公共データの案内・横断的検索を目的としたオープンデータの『データカタログサイト』」です。

［**練習問題 3-1**］　経済産業省の［統計］のページで公開されている［時系列データ］→［特定サービス産業実態調査］にある『平成27年特定サービス産業実態調査（確報）』のソフトウェア業の統計表データ（Excelファイル）をダウンロードしてみましょう。

(4) 他の国内統計サイト

他の官公庁，あるいは他の国にもさまざまな統計情報が公開されています。総務省（http://www.soumu.go.jp/）ではトップページの［政策］→［白書］より『地方財政白書』『情報通信白書』等の白書を閲覧・ダウンロードすることができます。また，［統計情報］の［情報通信統計データベース］より情報通信に関する各種の情報をダウンロードすることができます。

日本の政府統計の総合窓口として「e-Stat」（http://www.e-stat.go.jp/SG1/estat/eStatTopPortal.do）があります（図3-18）。また，電子政府の総合窓口

として「イーガブ」(http://www.e-gov.go.jp/) があります（図3-19）。これらを出発点としてデータを調べてみても良いでしょう。

図3-18　e-Stat

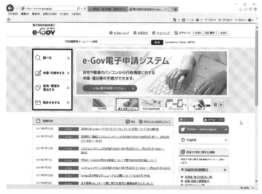

図3-19　イーガブ

3.3.2　ワーキングペーパーを取得する

日本銀行のワーキングペーパー（WP：Working Paper）のサイトは既に見ましたが，日本の大学もWPを公開しているところがあるので，Googleで「ワーキングペーパー」を検索語として検索してみましょう。

海外の経済学関連の論文やワーキングペーパー等を提供しているサイトとして，RePEc (Research Papers in Economics) があります（図3-20）。ここでは論文やワーキングペーパーを検索して，各種ファイル形式でそれらをダウンロードしたり要約を閲覧したりすることができるようになっています。また，タイトル等に含まれるキーワードによる検索も可能です。

図3-20　RePEc

3.4　もらった情報はどうやって見るの？

ダウンロードできるファイルは，さまざまな形式をもっています。本節ではそれらを見る方法を学びます。

3.4.1　ファイル形式のいろいろ

個人や企業，大学，政府等のホームページでは，調査報告やデータ，論文，ワーキングペーパー，学会報告の要旨，プログラム等を公開し，自由に取得できるようにしているところがあります。しかし，それらはさまざまなファイル形式で提供されています。たとえば，論文やワーキングペーパーの場合，Adobe Systems（アドビシステムズ）のアクロバット（PDF：Portable Document Format）形式，MicrosoftのWordやPowerPoint形式が中心です。数値データの場合は，テキスト形式やMicrosoftのExcel形式で提供されていることが多くなっています。これらの識別は，ファイル拡張子より可能です[4]。

---

[4] Windowsの標準の設定では，ファイル拡張子は表示されません。表示するには，タスクバーの［エクスプローラー］を起動し，［表示］をクリックし，［ファイル名拡張子］のチェックを入れます。

ワープロや表計算ソフトウェアは，古いバージョンのファイルや競合する他社のソフトウェアのファイル形式も読めるようにしています。また，統計解析ソフトウェアは表計算ソフトのデータ形式をサポートしていることが多くあります。そうでない場合も，いったん，カンマ区切り（CSV：Comma Separated Value）等のテキストファイルに変換してから読み込むという形で，異なったアプリ間でデータをやり取りすることが通常可能です。アプリがないからといってあきらめる必要はありません。

ソフトウェアのバージョンの違いにより，同じソフトウェアであっても開くことができないこともあります。通常，上位互換性があるので，新しいバージョンのソフトウェアは古いバージョンで作られたファイルを読むことができますが，その逆はできません。このときは，新しいバージョンで作成したファイルを保存するときに，古いバージョンの形式で保存するといった工夫が必要です。WordやExcelで，［ファイル］の［名前を付けて保存］で［ファイルの種類］を古いバージョン，たとえば，Excel 2016なら「Excel 97-2003 ブック（*.xls)」に変更して保存します。PDF形式のファイルに関しては，アドビリーダーで閲覧や印刷が可能です（3.4.2項参照）。代表的なファイル形式を，表3-1にまとめておきます。

表3-1　ファイル拡張子とその形式

txt	テキスト形式
csv	カンマ区切りテキスト形式
docx, doc	Word形式
xlsx, xls	Excel形式
html, htm	HTML形式
pdf	アクロバット（PDF）形式
pptx, ppt	PowerPoint形式
exe	実行形式
zip, lzh	圧縮ファイル形式

3.4.2　アドビリーダー　〜PDFファイルの閲覧〜

Adobe Systemsは，PDFファイルの閲覧ソフトであるAdobe Acrobat Reader（アドビアクロバットリーダー）DCを無料で公開しています。これはAdobeのサイト（http://get.adobe.com/jp/reader/）から取得できます。これをインストールしておくと，PDFファイルを閲覧・印刷することができます。

3.4.3　アーカイバ　〜ファイルを圧縮・解凍する〜

インターネットでは，ファイルをやり取りするのに便利なように，通常，1つあるいは複数のファイルをまとめて圧縮してファイル容量を小さくしています。また，圧縮されたファイルを利用するためには圧縮前の形に戻す作業（解凍または展開と言います）が必要となります。こうした圧縮・解凍のためのソフトウェアがアーカイバ（archiver：書庫ソフトウェア）です。ファイルの圧縮形式にはさまざまなものがありますが，「zip」や「lzh」といった拡張子がファイル名についているものが代表的なものです。これらに関しては，エクスプローラーで圧縮されたフォルダー／ファイルを右クリックし，表示されたメニューより解凍（ここに解凍や出力先を指定して解凍）を選択します。実行形式のEXEファイル（拡張子が「exe」）の場合は，ファイル名をダブルクリックすると自動的に解凍してくれます。これら以外の場合は，圧縮形式に対応した解凍するためのユーティリティーソフトが必要となります。

Vector（http://www.vector.co.jp/）や窓の杜（http://www.forest.impress.co.jp/）といったフリーソフトやシェアウェアを配付するサイトからアーカイバをダウンロードすることができます。ここでは，エディターや画像ツール等の多くのフリーウェアやシェアウェアが紹介されていますし，ダウンロードできるようになっています。アーカイバを選択する際，初心者は「初心者向き」「DLL不要」と記されているものが良いでしょう。たとえば，Lhaca（ラカ）やLhaplus（ラプラス）がそうです。これらはフリーで使うことができ，DLL（Dynamic Link Library）というものが不要です。メールでファイルを添付する場合，ファイルのサイズが大きいとメールの受発信に負担がかかるので，圧縮しておくのが基本です。

3.4.4　エディター

エディター（editor）はテキストを入力することに特化したソフトウェアで，文字飾り等が不要の場合，これを利用すると，効率的にテキストを入力することができます。代表的なフリーのテキストエ

ディターとして，TeraPadがあるので，インストールしておくと良いでしょう。

3.5 学習・研究のための入り口

インターネットは膨大な量の情報を蓄積しているので，入り口やガイドとなるポータル（portal）というサービスがあります。前に紹介したYahoo! JAPANはその代表的なものです。商用サイトは魅力あるポータルをユーザーに提供することによってユーザーを囲い込むことを目的として日々進化しています。3.3節で紹介したRePEcも，ビジネスや経済・経営関連の学習・研究のためのポータルです。ここでは，統計学のポータルとしてのStatLibを紹介します。

StatLib (http://lib.stat.cmu.edu/) はCarnegie Mellon UniversityのDepartment of Statisticsが運営する統計学サイトで，データ（Datasets Archive, Data Expo Archive, DASL: The Data and Story Library 他），専門誌の論文で扱われたデータ・ソフトウェア（JASA Data Archive 等），商用ソフトウェア用のコード（S Archive 等），フリーソフトのソースおよびコード（R, Xlispstat, MacAnova 等）の提供等を行っているサイトです（図3-21）。

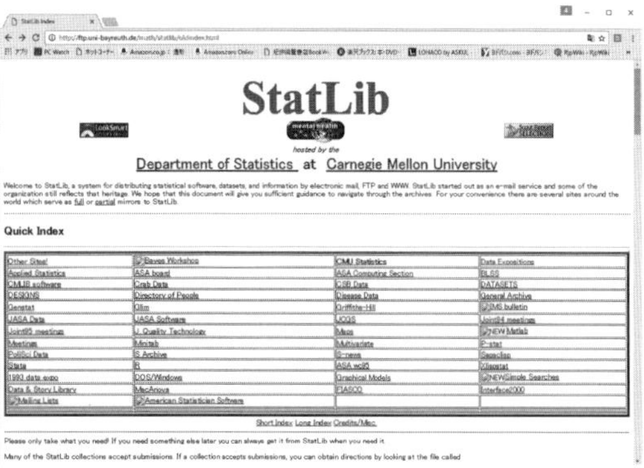

図3-21　StatLib

3.5.1　オープンデータ

インターネットにおける最近の新しい動きとして，オープンデータ（Open data）があります。これは，著作権や特許等に縛られずにデータを自由に流通させることにより，よりよい知識社会を作っていこうという思想に基づきます。ソフトウェアの世界では既に確立されているオープンソースの動きと同じものだと考えることができます。海外ではオープンデータの取り組みは充実してきており，たとえば，米国のData.gov (https://www.data.gov) や英国のdata.gov.uk (https://data.gov.uk/) があります（図3-22, 3-23）。既に見たe-Statやイーガブは，この動きの1つです。

他に，ガーディアン（The Guardian）のData-store (https://www.guardian.co.uk/data-store) やNew York TimesのThe Upshot (https://www.nytimes.com/upshot)，Open data commons (https://www.opendatacommons.org/) 等があるので，参照してみてください。

また，統計学やデータマイニング，機械学習（Machine Learning）用のデータのレポジトリ（貯蔵庫）としてUCI機械学習レポジトリがあります (https://archive.ics.uci.edu/ml/index.php)。ここでは，約400のデータが公開されています。データの説明（出典，特性等）や関連論文等が紹介されており，データ分析に関心のある人は一度，訪問してみると良いでしょう。UCIは，カリフォルニア大学アーバイン校を意味します。

図3-22　Data.gov

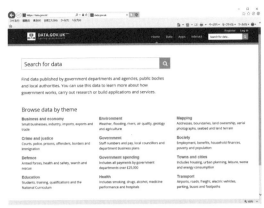

図 3-23　data.gov.uk

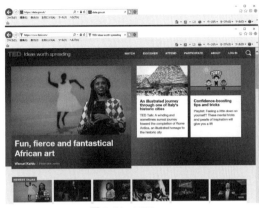

図 3-24　TED.com

3.5.2 テ ド

テド（TED：Technology Entertainment Design）は，"Spreading ideas" をミッションとして活動している組織です．さまざまな分野の先端的なスピーカーを招いて年に数回，各地で講演会を行っています．TED.com（https://www.ted.com/）では，その講演のビデオをフリーで公開しています．講演時間は約 20 分と短いので，英語の勉強も兼ねて，自分の関心のある講演を視聴してみると良いでしょう．

≪参考文献≫

[1]　中村正三郎編著『新編インターネットを使いこなそう』岩波ジュニア新書 391，2002 年
[2]　西垣通『スローネット―IT 社会の新たなかたち』春秋社，2010 年
[3]　野村祐子『デジタル時代の著作権』ちくま新書 867，2010 年
[4]　村井純『インターネットⅡ』岩波新書 571，1998 年

文書を作成してみよう

この章では，Microsoft Word を用いて文書を作成するための基礎的な操作
■ Word の起動と終了
■新しい文書の作成方法
■既存の文書の開き方
■文字（列）の選択・検索・置換のしかた
■簡単な編集のしかた
■文書の印刷
■文書の保存
について説明します。

4.1　この章で学ぶこと

　パソコンには通常，簡単な文書作成ソフトウェアが，OS とともにインストールされています。Windows パソコンの場合，「メモ帳」や「ワードパッド」といったソフトウェアが標準でインストールされています。「メモ帳」は文字入力の機能しかないので，エディターと呼ばれます。エディターは，プログラムの作成や，データ入力を行うのに便利なソフトウェアです。一方，「ワードパッド」には入力した文書の見栄えをよくするための基本的な機能が付け加えられています。見栄えを考えず文章をひたすら入力したいなら「メモ帳」で充分でしょうし，見栄えは最小限でよいと考えるならば「ワードパッド」を使えばよいでしょう。より高度な文書作成機能が必要な場合，市販のソフトウェア，たとえば Microsoft Word（以下 Word と略記）を利用します。
　これらのソフトウェアの操作には統一性があり，Word さえマスターすれば，他のソフトウェアは Word の機能を限定した簡易ソフトウェアとして利用できます。そこで，ここでは使用ソフトウェアを Word に限定して説明を行います。この章では，Word の起動，文書の新規作成・保存・終了までの流れ，既存の文書を開き内容を修正する等の作業について勉強します。

4.2　実践問題 4-1 文書ファイルの作成から終了まで

ステップ1　Word を起動しよう

　Microsoft Word は，ほとんどの人にとって，最も使用頻度の高いソフトウェアです。そのため，共用のパソコンでは，既に［タスクバー］や［スタートメニュー］等に登録されているのが普通です。［タスクバー］あるいは［スタート］■メニューをクリックすれば現れる［ゲームとエンターテイメント］に，Word のアイコン■があればそれをクリックして起動します。すると初期画面が現れますので，［白紙の文書］を選んで下さい。それでも Word のアイコンが見つからなければ，［スタートメニュー］の［よく使うアプリ］以下のリストからアイコンを探しクリックして起動して下さい。なお，Word のアイコンをタスクバーに表示させるには，アイコン■上で右クリックし現れたメニューから［その他］の［タスクバーにピン留めする］をクリックしましょう。また，スタートメニューに登録する場合は［スタートメニューにピン留めする］をクリックして下さい。
　Word を起動し，［白紙の文書］を選択すると，次の図のような，新規文書が開きます。

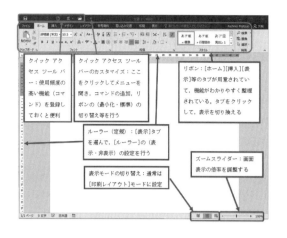

ステップ2　Wordの環境を設定しよう

　Wordウィンドウの左上端にある，［ファイル］タブをクリックすると，次のようなメニューウィンドウが現れます。ここでは，文書を開く，保存する，印刷するなどの作業を主に行いますが，その他にも，オートコレクト機能の設定や，編集記号の画面表示，禁則処理など，Wordを用いて文書を作成する際の環境設定を行うWordの［オプション］を選択できます。

　［オプション］の［表示］では，段落記号やスペースなどの編集記号の表示・非表示を指定できます。ここでは下図の右下のように，タブ・スペース・段落記号・アンカー記号が表示されるようにチェックを入れましょう。これらの記号が画面に表示されていると，文書全体を整えるのが楽になります。この設定で[OK]をクリックします。なお，ここでは，［すべての編集記号を表示する］にはチェックを入れて

いません。この設定にするには，［ホーム］タブの［段落］の［編集記号の表示／非表示］アイコンをクリックするといいでしょう。

　また，［オプション］の［文書校正］では，入力中のオートコレクト機能の設定を行います。入力中に文字が自動的に変更（たとえば (c) と入力すると © に変換）されることがあれば，このオートコレクト機能が働いているのです。最初はこのオートコレクト機能が働かないようにしておくとよいでしょう。そのためには，［文章校正］から［オートコレクトのオプション］をクリックし，［入力中に自動修正する］のチェックを外しておきましょう。

ステップ3　文章を入力する

　これまでの操作によりWordの環境設定を終え，文章の入力に移ります。次の例文を入力しましょう。

> 「暮らしの手帳」という雑誌がある。この雑誌には広告がない。その理由は広告主にとって都合のよい記事を書くように依頼されたら，断り切れず記事に制約が加えられるからだ。例えば，ほとんど効果のないサプリメントと分かっていても，その製品の広告を掲載している雑誌は，そのサプリメントには効果がないという記事を書くことができない。雑誌に限らず，テレビ番組でも同じことが言える。グルメ番組で，料理があまり美味しくなくても，タレントにはとても美味しいというリアクションが求められる。

ステップ4　文章の複製を作ろう

　ステップ3で作成した文章の複製を作り，それを修正するという作業を行います。複製を作るには，

元になる部分を選択して［コピー］し，適当な場所に［貼り付け］るという作業を行います。この作業は文字列を選択するとき，①短い文章ならば，対象範囲をドラッグしますが，②長い文章ならば文頭をクリックし，続いて文末をShiftキーを押し下げたままクリックするとよいでしょう。

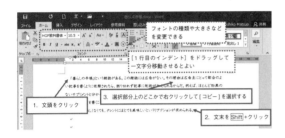

範囲が選択されたら，選択範囲内で右クリックして［コピー］をクリックします。次に文末にカーソルを置きEnterキーを何度か押して改行し貼り付け位置を指定したあと，［ホーム］タブの［クリップボード］［貼り付け］をクリックするか，または選択部分上で右クリックして［貼り付けのオプション］の下に並んでいるアイコンのうち適切なものを選択します。

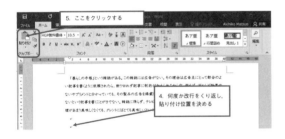

すると，次の図のように同じ文章が2つ並びます。

この作業を行うついでに，選択部分の段落設定やフォントの変更を行ってみましょう。ルーラーのスライダーを使って，段落の一行目が一文字分字下げされるようにしてみましょう。また，文書のフォントの種類やサイズを選ぶこともできるので，自分に合ったものを探してみてください。

ステップ5　上の段落の内容を変更する

元の文章には「暮らしの手帳」とありますが，これは間違いですので，正しい「暮らしの手帖」に変更します。ここで，この手帖の「帖」の字を［IMEパッド］で入力してみましょう。「帳」の部分を選択し，［IMEパッド］を起動させます。タスクバーの日付時刻の左に，入力モードに応じて「A」あるいは「あ」と表示された部分を右クリックし，［IMEパッド］を選んでください。すると，次の図のような［IMEパッド－手書き］ウィンドウが現れます。次の図のようにマウスでドラッグして文字を書き，候補の中に目的の漢字が現れたら，その字をクリックすることで入力できます。

続いて，"美味しい"を"おいしい"に変更します。"美味しい"の部分を選択し，スペースキーを押せば再変換されます。同様に"雑誌に限らず，テレビ番組でも"以降の文章を消去し，

> わたしの経験では趣味の雑誌も同様で，取り上げられる商品はいずれも広告主のもので，記事もその商品に好意的なものになっている。

という文章に替えましょう。

ステップ6　2つの文章を入れ替えよう

短い文章の順番を入れ替えるときには，
① 片方の文章を選択して移動先までドラッグします。
② 少し長くなると，片方の文章を選択して［切り取り］，移動先を指定して［貼り付け］を行います。

③ あまり一般的ではないのですが，長い文章を書くときに便利な方法は，[アウトライン]表示に切り替えて段落の順番を変更することです。

③の方法を説明します。[アウトライン]表示にするには，[表示]タブの[表示]の[アウトライン]を選びます。2つの文章を入れ替えるのに，上の文章を下に移動させてみましょう。まず，上の文章(段落)のどこかをクリックしたあと，下矢印キーを押して段落の順番を入れ替えます。長い文章を作成する際は，[印刷レイアウト]表示と[アウトライン]表示を切り替えながら編集を行うという方法があります。

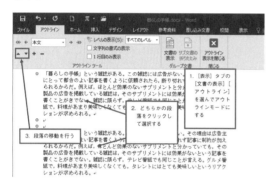

ステップ7 ページ設定をしよう

ここでは，ページ設定を行います。Wordで作る文書が標準的な設定ならば，何も考えずにデフォルトの設定でも問題ありません。そうでなければページ設定のしかたを覚える必要があります。[レイアウト]タブの[ページ設定]右下をクリックしましょう。

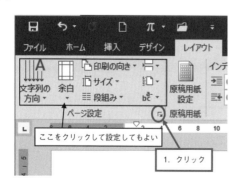

すると下のダイアログボックスが現れます。ここではプレビュー部分で確認しながらページレイアウト作業を進めます。

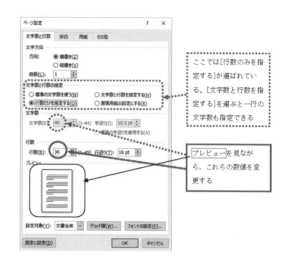

ステップ8 文書を保存しよう

ここでは，USBメモリに文書を保存する手順を説明します。USBメモリを差し込み，コンピューターが認識するのを待ちます。少し経ったら[ファイル]タブをクリックし，[名前を付けて保存]をクリックします。

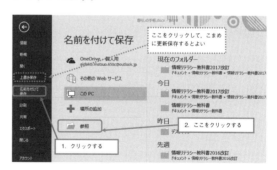

すると次の図のように，保存する場所とファイル名を指定するためのダイアログボックスが開きます。そこで，USBメモリを選び，適切な名前（たとえば，「情報リテラシー例文」）を付け，[保存]をクリックするとファイルの保存が完了します。

第 4 章　文書を作成してみよう　49

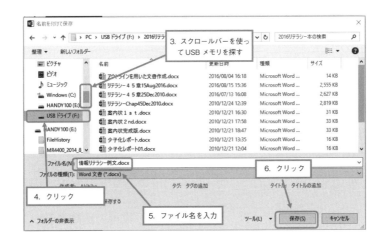

ステップ9　文書を印刷しよう

文章を印刷する前に，［印刷プレビュー］により印刷イメージを確認しましょう。［ファイル］タブをクリックし［印刷］を選ぶと，次の図のようなウィンドウが表示されます。

この［印刷］モードでは，余白や用紙の設定など，印刷を行う際に必要な機能（コマンド）が利用できます。また，縮小表示して文書全体の構成を，拡大機能を用いて細部の仕上がりを確認できます。

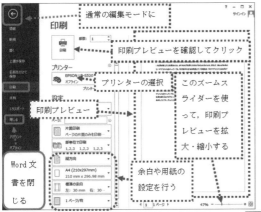

文書のレイアウト，段落の設定やフォントなどを変更したい場合，［ファイル］タブから［ホーム］タブに移り文書を編集しましょう。［ファイル］タブを終えるには，ウィンドウ左上にある◯をクリックしてください。

変更修正が終われば，再び［ファイル］タブの［印刷］モードに戻り［印刷］をクリックします。

ステップ10　Word を終了する

Word を終了するには，開いている Word 文書をすべて閉じてください。文書を閉じるには左の図のように［閉じる］をクリックするか，あるいは，Word ウィンドウの右上にある［閉じる］×をクリックしてください。

4.3　実践問題 4-2
作成したファイルの再編集

ステップ11　既存の文書を開く

まず編集したいファイルの入った USB メモリをパソコンに挿入します。次に［ファイル］タブをクリックし，現れるメニューから［開く］をクリックすると，下の左の図のようなウィンドウが現れます。そこで［参照］をクリックすると，下の図（右）の

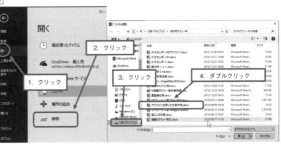

ようなエクスプローラーの画面が現れるので，自分のUSBメモリにあるファイルを捜し，そのファイルをダブルクリックすれば文書を開くことができます。

ステップ12　検索・置換機能の利用

次に，置換機能を使ってみましょう。ここでは，"雑誌"を"総合生活雑誌"に置換します。［ホーム］タブを選択し，リボンの右端にある［編集］の［置換］をクリックすると，次の図のようなダイアログボックスが現れます。そこで，図中のように［検索の文字列］に「雑誌」を，［置換後の文字列］に「総合生活雑誌」を入力した上で［次を検索］をクリックすると，文章中の"雑誌"の部分が選択されます。これを"総合生活雑誌"に変更したければ，［置換］をクリックし，"雑誌"のままにするなら［次を検索］をクリックします。

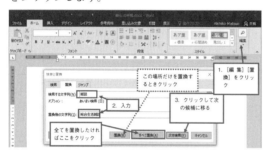

ステップ13　更新したファイルを上書き保存する

コンピューターは，いつなんどき，ハングアップするかわかりません。一息つくときや面倒な作業の前には，必ず［上書き保存］する習慣をつけましょう。［ファイル］タブからも［上書き保存］できますが，ここでは，［クイック アクセス ツール バー］から行います。［クイック アクセス ツール バー］に［上書き保存］アイコン🖫があるでしょうか。あればそのアイコンを，なければ，次の図のようにし

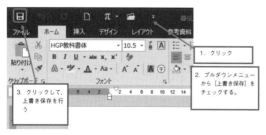

て［上書き保存］をクリックして登録し，表示された［上書き保存］アイコン🖫をクリックします。

ステップ14　アプリケーションを終了する

開いているWord文書をすべて閉じれば終了します。終了するには［ファイル］の［閉じる］を選ぶか，あるいは，ウィンドウ右上端の［閉じる］✕ボタンをクリックしてください。

4.4　実践ステップの補足

クリップボードとは？

クリップボードとは，［コピー］あるいは［切り取り］された情報を一時的に保管しておく場所です。クリップボードの中身を見たいときは，［ホーム］タブの［クリップボード］右下のダイアログボックスランチャー🗔をクリックします。するとクリップボードの保管リストが現れます。必要な部分をクリックすることにより文中への［貼り付け］が行われます。

文章を校正しよう

Wordでは，入力した文章に文法や表現に問題がある場合はその部分の下に**青色の波線**が，スペルミスや入力ミスがある場合はその部分の下に**赤色の波**

線が表示されます。これらを校正するには，校正したい文章の開始箇所をクリックしてから，[校閲]タブの[文章校正]より[スペルチェックと文章校正]を行い，文書右側に現れる文章校正作業ウィンドウを使って校正します。入力中これらの波線が表示されたら，その箇所で右クリックして校正候補メニューを呼び出すことができます。

[練習問題4-1] 次の長い文章を入力しましょう。

> パソコン実習をしていると，教科書どおりに作業が進まないときがあります。うまくいかない理由は，ほとんどの場合（教科書が間違っていることもありますが），教科書に書かれている手順が守られていないことにあります。そんなときどうすればよいのでしょうか。確実な方法は，もう一度最初から落ち着いて，教科書の手順を忠実に守りながらやり直すことです。
> 　しかしながら，教科書の手順を忠実に守るということは，簡単そうに見えて結構難しいものなのです。今ではパソコンの操作を教えている私も，最初は何かに急き立てられるような気持になり，重要なステップを飛ばしてしまうことがよくありました。なぜ飛ばしてしまうのでしょうか。私の場合は，そのステップの重要性に気づいていないためでした。やり直しをしているうちに，だんだん見通しが良くなってきます。そして何度目かにやっと飛ばしたステップの重要性に気づくのです。
> 　パソコンに習熟するには，人生ほどではないのですが，いろいろと経験することが必要になります。最初は見通しがきかず，何をやっているのやら全くわからないので，パソコンは難しいものと勘違いする人がいるのですが，しばらく付き合っていると少しずつ物事のつながりが見え始め，だんだんと面白くなってきます。こうなるとしめたものです。もしもあなたが何か趣味を持っているなら，パソコンも同じだなと感じることでしょう。パソコンをひと通り操作できるようになったら，今度は，パソコンを何かに利用することを考えましょう。名簿を作る，こづかい帳をつける，講義ノートを作る，レポートを作成する，興味ある分野のデータベースを作るなどしてみましょう。この段階になると，それぞれの目的のために，友達と情報交換したり，教科書や解説書を参照したりする必要が生じます。こうして少しずつコンピューターの扱いに詳しくなっていきます。

第5章 ワープロ文書を作成しよう

この章では，ワープロソフトで文書を作成する際の
- ■フォントの変更
- ■文字の配置・位置の変更
- ■段落設定の変更
- ■罫線を引く
- ■図形を描く，挿入する

といった編集操作について説明します。

5.1 この章で学ぶこと

　この章ではエディターではできない，ワープロソフト特有の操作について学んでいきます。ワープロソフトでは単に文字を入力するだけでなく，文字の種類や大きさを変更したり，さまざまな飾り付けをしたり，多様なレイアウト機能を使ったりして見栄えのする文書を作成できます。

　コマンドは，［リボン］の［タブ］から順番にクリックする（［ファイル］タブ［印刷］のように記述する）ことにより実行されますが，使用頻度の高いコマンドについては，［クイック アクセス ツール バー］（第4章のステップ13）のユーザー設定に登録しておきましょう。また，コマンドを実行したい箇所で右クリックすると，その場に合ったコマンドメニューが現れます。多くのコマンドでは，編集対象部分を指定するのが先です。つまり，"何を（対象）""どうする（コマンド）"の順に指定します。文字列の指定については，第4章のステップ4を参照してください。

5.2 実践問題
　　ワープロ文書の作成から終了まで

　右図のような案内状を作成しましょう。この例題の作成は3つの作業から成り立っています。①文字を入力し，②段落（改行記号┛で囲まれた部分は，内容的には段落と呼べなくても，機能的には段落としての扱いを受けます）の書式や配置を指定し，③フォントを指定します。これら3つの作業はすべて［ホーム］タブから実行できます。

　なお，案内状の図では，空白や改行記号など通常では表示されない記号を，レイアウト作業を効率的に行うために表示させています（第4章ステップ2を参照してください）。

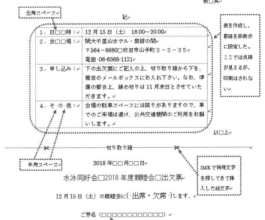

5.3 実践ステップ

ステップ1　文章を入力しよう

できるだけ見栄えのよい文書を作るのが目標ですが、ここではまだレイアウトなどの細かいことは抜きにして、必要事項を入力していきましょう。

ステップ2　段落の［左揃え］・［中央揃え］・［右揃え］

位置を揃えたい段落のどこかをクリック（一部分を選択してもよい）し、［ホーム］タブの［段落］部分にある［左揃え］・［中央揃え］・［右揃え］のいずれかを指定します。

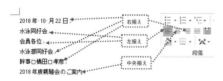

ステップ3　ルーラーを設定しよう

ステップ2では、段落の左・右・中央揃えを行いましたが、ルーラーのインデント機能を併用するとより細かくレイアウトできます。下の例では、"水泳同好会"の段落に右インデントを設定することにより、段落の右端を内側に設定しています。

また、段落の最初の文字は1文字だけ字下げ（イ ンデント）するのが普通です。この設定もルーラーを用いて行います。インデントアイコンをドラッグして移動させてください。

ステップ4　作表機能を利用して行事予定を作ろう

この例では、4行×2列の表を作ります。［挿入］タブの［表］をクリックし、ポインターを移動させて行数と列数を指定します。

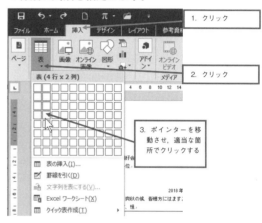

すると、次のように表の枠が現れます。

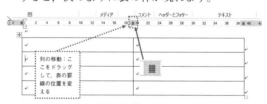

表の水平方向の長さを整えるには、この図の"列の移動"をドラッグして左右にスライドさせればよ

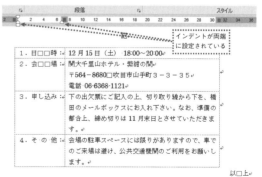

いでしょう。各列の幅が決まったら，文字を下のように入力していきます。なお，セルの中のインデントは両端に設定しておきます。

最後に，表全体の罫線を［枠なし］に設定するとできあがります。

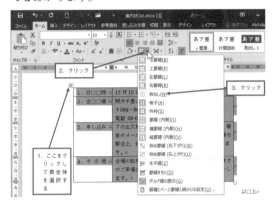

ステップ5　切り取り線を作成しよう

切り取り線を左右の端の近くまで伸ばしたい場合には，左右のインデントを余白部分に配置するといいでしょう。ここでは，点線を半角のマイナス記号を並べて作っています。左右の長さを同じにするにはコピー＆ペースト機能を使うといいでしょう。

なお，切り取り線上のハサミの絵文字を入力するには，［挿入］タブの［記号と特殊文字］より［記号と特殊文字］で示されるリストの中から探しましょう（［IMEパッド］の［文字一覧］からでも行えます）。

ステップ6　出欠票を作成しよう（ステップ2を参照のこと）

続いて以下のように入力し，すべてを［中央揃え］に設定します。

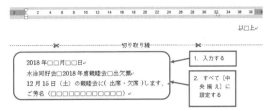

ステップ7　フォントの種類とサイズを変更しよう

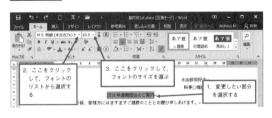

ステップ8　段落設定をしよう

段落の設定は，［ルーラー］と［ホーム］タブ上のアイコンを用いて行うこともできますが，ここでは，ダイアログボックスを用いる方法を説明します。次の図のように，設定したい段落にカーソルを置き，［ホーム］タブの［段落］の右下の部位をクリックします。

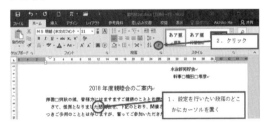

すると次図のようなダイアログボックスが現れるので，プレビュー部分で確認しながら，段落の上下の間隔や段落内の行送り幅を設定します。

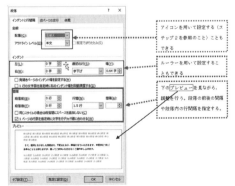

ステップ9　文書情報をヘッダーに書き込もう

文書の作成日や作成者といった情報を，ヘッダーに書き込んでみましょう。
▶ ［挿入］タブの［ヘッダー］を選ぶ，
あるいは，
▶ 用紙の上部の余白部分をダブルクリックし，［デザイン］タブの［ヘッダー］を選ぶ

と，ヘッダーの選択肢が現れます。ここでは［空白（3か所）］を選び，必要に応じて日付や学籍番号，名前を入力します。

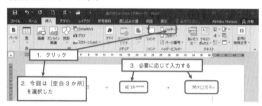

編集が終われば，
▶ ［デザイン］タブの［ヘッダーとフッターを閉じる］をクリックするか，
▶ 本文編集部分をダブルクリックして，
本文編集モードに切り替えます。

ステップ10　［書式のコピー／貼り付け］機能を利用しよう

同じ段落設定やフォント設定を複数の箇所で用いるとき，［書式のコピー／貼り付け］を利用しましょう。フォント設定の場合は，そのフォントが使われている部分を選択してから，［ホーム］タブの［書式のコピー／貼り付け］をクリックし，そのフォント設定を行いたい箇所をドラッグします。

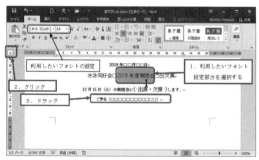

段落設定を貼り付ける場合には，元になる段落のどこかにカーソルを移動しておいて，［書式のコピー／貼り付け］をクリックし，貼り付け対象の段落のどこかをクリックします。

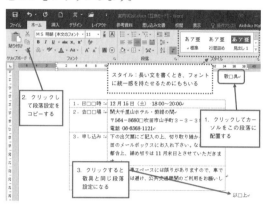

長いレポートや詳細なマニュアルなどを作成する場合には，文書の統一感を持たせるため，同じフォント設定や段落設定を繰り返し用います。このような場合，［ホーム］タブの［スタイル］を利用して文書全体の書式を統一します。［スタイル］の利用については，"Appendix レポートを作成してみよう"を参照してください。

ステップ11　ページの余白と用紙サイズを設定しよう

用紙サイズの変更や余白の設定は［レイアウト］タブで行います。ここで，文書がバランスよく1枚の紙に収まるように調整しましょう。

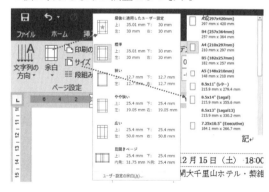

ステップ12 空白や空白行を挿入して文書を整形しよう

文書には空白行，半角スペースや全角スペースが挿入されています。空白行を挿入するには，段落の最後で［Enter］キーを押します。半角スペースを挿入するには［半角英数入力］モードで，全角スペースを挿入するには［ひらがな入力］モードでスペースキーを押します。入力モードとは異なるモードのスペースが挿入されるときには，次の図のように，ツールバー右端近くにある「あ」あるいは，［A］を右クリックし下左のようなメニューを出し，次に現れるウィンドウで［プロパティ］をクリックし，そこから［詳細設定］を選び，その次に現れるダイアログボックスの中で，［スペースの入力］を［入力モードに従う］に設定します。

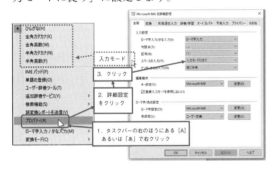

ステップ13 まめに上書き保存を行おう

第4章のステップ13で［クイック アクセス ツール バー］に登録した［上書き保存］アイコンをクリックすることにより，まめに［上書き保存］を行い停電やハングアップなどの不慮の事態に備えましょう。

ステップ14 印刷しよう

第4章のステップ9を参照してください。

5.4 少し進んだ内容

5.4.1 表を作成する

作表の方法についてはステップ4で簡単に説明しました。ここでは，複雑な表を作成するための操作をいくつか紹介します。なお，表を作成する場合，最初に行数と列数を十分大きく設定しておきましょう。なぜなら，後で不要な列や行を削除する方が，追加するよりも楽だからです。

セルの分割と結合：セルを結合するには，結合したい複数のセルを選択してから，リボン右方に現れる［表ツール］の［レイアウト］の［セルの結合］をクリックします。セルを分割したいときは，分割したいセルを選択して［セルの分割］をクリックし，ダイアログウィンドウで分割の設定（行数と列数）を行います。

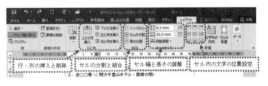

［セル幅と高さの設定］や［セル内の文字の位置設定］についても同様に実行できます。

［練習問題 5-1］ 履歴書を作ってみましょう。

① 元の表（4行4列）を挿入する。

② セルの分割・結合を行い，列幅を調整する。

③ 文字を，大きさ・位置・方向を考えて入力する。

5.4.2 文書［スマートアート］を貼り付ける

ここでは，SmartArtを作成し，「2017年度親睦会のご案内」に貼り付けます。まず，［挿入］タブの［SmartArt］から，適当なテンプレートを選択します。

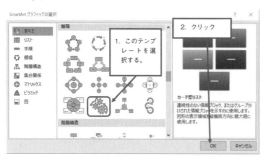

下図のように文字を入力して完成です。

このSmartArtは，カーソルがある場所に挿入されます。次にこのSmartArtを，文書の中のどこにどのようにレイアウトするか決めます。［SmartArt］は，それを選択してからドラッグすれば移動可能です。文章と［SmartArt］の関係を決めるのは，右上に配置されているアイコンです。アイコンを選びながら，どのような位置関係になるのか確認して下さい。

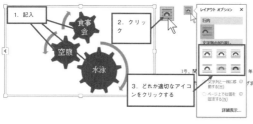

この文書の場合，［SmartArt］の色を薄くして文字の背面に配置してもよいでしょう。もちろん他のレイアウトを選んでも結構です。このアイコンは図形，写真，イラストにも付いていて，［SmartArt］と同じ操作でレイアウトできます。

5.4.3 描画キャンバス上に図形を挿入する

複数の図形を用いて地図や概念図を描くときには，描画キャンバスを用意してその上に描くとよいでしょう。そうすれば，複数の図形を用いた各パートをひとまとまりのものとして扱えます。まず，描画キャンバスを用意するため［挿入］タブから［図形］の［新しい描画キャンバス］を選び，文書中に描画キャンバスを配置します。

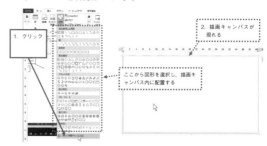

描画キャンバス内にさまざまな図形を配置してみましょう。最後に，この描画キャンバス全体を縮小してみます。キャンバス内をクリックして選択し，描画キャンバスの境界で右クリックして次の右図のメニューを引き出します。［描画のサイズ変更］をクリックし，端点や辺の中央をドラッグして大きさを調整します。

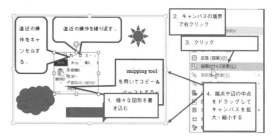

[練習問題5-2] 描画キャンバスに，架空の会社のコーポレイトアイデンティティ（CI）をデザインしてみましょう。

第6章　表を作ってみよう　Excel 入門

この章では，表計算ソフトである Excel（エクセル）で表を作成する方法である

- ■表計算ソフトとは
- ■表を作成するには
- ■楽に計算する
- ■スタイルを変更する
- ■表を印刷する
- ■ファイルを保存する
- ■他の形式のファイルを開く

といったことがらについて学びます。

6.1　表計算ソフトとは

表計算ソフトと呼ばれるアプリがあります。表の形にデータを入力し，さまざまな計算処理や統計処理を行ったり，グラフを作成したりすることによりデータを分析することができます。また，データベースとしての機能も持っています。本章では表計算ソフトの代表的なものである Microsoft Excel（以下，Excel と言います）の基本的な事項を学びます。

6.2　実践問題 6-1
表の作成と簡単な計算

表 6-1 は広告業の業務種類別売上高データです [1]。Excel を用いてこの表を作成してみましょう。目標は図 6-1 に示す表の作成です。なお，表中の「４媒体」は，新聞，雑誌，テレビ，ラジオを意味します。

表 6-1　広告業の業務種類別売上高

（単位：百万円，%）

業務種類	平成 27 年	平成 28 年	増減率
４媒体広告	2,031,315	2,035,988	0.23
屋外広告	66,456	67,597	1.72
交通広告	203,586	200,030	-1.75
折込み・ダイレクトメール	685,200	671,255	-2.04
海外広告	55,897	54,553	-2.40
SP・PR・催事企画	833,086	837,573	0.54
インターネット広告	561,516	649,716	15.71
その他	1,486,847	1,572,186	5.74
合計	5,923,903	6,088,897	2.79

通商産業省「特定サービス産業動態統計調査」2017 年 8 月 18 日 6 月分確報より

	A	B	C	D	E
1		表6-1　広告業の業務種類別売上高			
2				（単位：百万円，%）	
3		業務種類	平成27年	平成28年	増減率
4		４媒体広告	2,031,315	2,035,988	0.23
5		屋外広告	66,456	67,597	1.72
6		交通広告	203,586	200,030	-1.75
7		折込み・ダイレクトメール	685,200	671,255	-2.04
8		海外広告	55,897	54,553	-2.40
9		ＳＰ・ＰＲ・催事企画	833,086	837,573	0.54
10		インターネット広告	561,516	649,716	15.71
11		その他	1,486,847	1,572,186	5.74
12		合計	5,923,903	6,088,897	2.79
13		通商産業省「特定サービス産業動態統計調査」2017年6月分確報より			

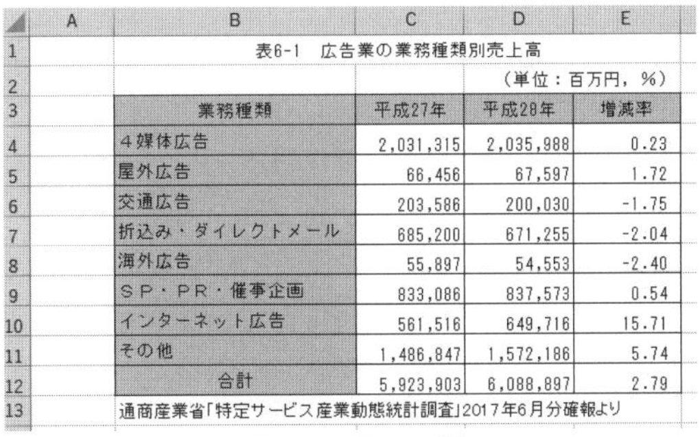

図 6-1　目　　標

---

[1] 経済産業省の「特定サービス産業動態統計調査」2017 年 8 月 18 日 6 月分確報（http://www.meti.go.jp/statistics/tyo/tokusabido/）より。

6.3 実践ステップ

ステップ1　Excelを起動しよう

［スタート］ をクリックし，［Excel 2016］より［空白のブック］を選択します。すると次のような画面が表示されます。各部には図に示したような名前がついています。ワークシートは，セルという小さなマス目の集まりです。セルにはアルファベットの列番号と数字の行番号がついています。列番号と行番号の組合せで1つのセルを指定でき，これをセル番地と言います。

ステップ2　数値，文字を入力しよう

図6-1を参考に，①〜③の手順で数値・文字をワークシートに入力し，図6-2の表を作成します。このとき次に注意してください。

- 数値を入力するときは入力モードの日本語入力をオフにしておきます。
- 合計や増減率などの計算できる数値は入力しません。
- 数値の桁区切りの記号であるカンマ（,）は入力しません。
- 入力を間違った場合は，セルをクリックし，［Delete］キー（削除キー）で削除します。
- 入力した文字等がセルからはみ出しても気にする必要はありません。

① B1セルをクリックし，「表6-1　広告業の業務種類別売上高」と入力し，［Enter］[2]
② D2セルをクリックし，「（単位：百万円，%）」と入力し，［Enter］

「百万円」は金額の項目の単位，「%」は前年比の単位です。表の中に単位が複数ある場合はこのように併記しておきます。

③ 同様に，他のセルに文字や数字を入力

図6-2　ステップ2の結果

ステップ3　表の形を整えよう

（1）列幅を調整する

① 列番号Bと列番号Cの境目にポインターを移動し（これを「ポイントする」と言います），ポインターの形が ✚ と変化したらマウスボタンを押し下げ，適切なところまで右にドラッグ（マウスボタンを押したまま，移動させる）

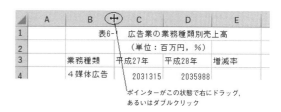

② 列番号CとDをドラッグして指定
③ 列番号DとEの間をポイントして右にドラッグ
④ 必要なら，同様に列Eの幅も調整

②③により2列の幅を同時に拡大し，揃えることができます。

---

[2] ［Enter］キーを押すことを意味します。

（2）文字を中央揃え（センタリング）する・セルに色をつける

「業務種類」や「平成27年」などの各列のデータの表題は，中央揃え（センタリング）します。なお，基本的には，文字データは左詰め，数値データは右詰めにします。

① B3セルからE3セルまでをマウスでドラッグして範囲を指定し（以下，この作業を「範囲B3:E3を指定する」と言います），［ホーム］タブの［配置］の［中央揃え］ボタン ≡ をクリック

左揃え　中央揃え　右揃え

② B12セルを指定し，［中央揃え］ボタンをクリック

③ 色をつけたいセル範囲を指定し，［フォント］→［塗りつぶしの色］より色を選択します。

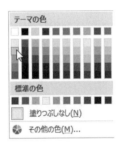

（3）数字の3桁ごとの区切りにカンマをつける

範囲C4:D11を指定し，［数値］の［桁区切りスタイル］ボタン , をクリックします。

図6-3　ステップ3の結果

ステップ4　計算しよう

（1）計の値を求める

① C12セルをクリックしてアクティブに
② ［ホーム］タブの［編集］にある［オートSUM］ボタン Σ オートSUM ▼ をクリック

③ 破線で囲まれた領域が合計を計算する範囲
　合計の範囲が正しければ［Enter］，正しくなければ，範囲をマウスで指定。

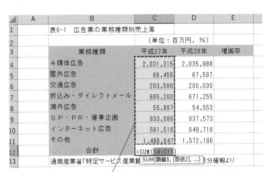

④ C12セルの右下隅にあるフィルハンドル■をD12セルまでドラッグ

（2）E4セルの値を求める

前年比の値を求めます。なお，増減率は，
　（平成28年の値－平成27年の値）÷平成27年の値×100
で求めています。

E4セルをアクティブにし，すべて半角英数で
　＝(D4－C4)/C4*100　［Enter］
と入力します（次の入力手順参照）。このとき入力モードの日本語入力はオフに変更しておきます。

入力手順

① E4 セルをクリック
② 「=(」を入力
③ D4 セルをクリック
④ マイナス「−」を入力
⑤ C4 セルをクリック
⑥ 「)/」を入力
⑦ C4 セルをクリック
⑧ 「*100」を入力
⑨ [Enter]

業務種類	平成27年	平成28年	増減率
４媒体広告	2,031,315	+(D4−C4)/C4*100	

このように，既にセルに入力されている数値を，そのセル番地を指定することにより利用できます。

(3) E5 から E12 の値を求める

① E4 セルをクリック
② E4 セルのフィルハンドル■を E12 セルまで下へドラッグ

	A	B	C	D	E
1		表6-1 広告業の業務種類別売上高			
2			(単位：百万円，%)		
3		業務種類	平成27年	平成28年	増減率
4		４媒体広告	2,031,315	2,035,988	0.23005
5		屋外広告	66,456	67,597	1.71693
6		交通広告	203,586	200,030	-1.74668
7		折込み・ダイレクトメール	685,200	671,255	-2.03517
8		海外広告	55,897	54,553	-2.40442
9		ＳＰ・ＰＲ・催事企画	833,086	837,573	0.53860
10		インターネット広告	561,516	649,716	15.70748
11		その他	1,486,847	1,572,186	5.73960
12		合計	5,923,903	6,088,898	2.78524
13		通商産業省「特定サービス産業動態統計調査」2017年6月分確報より			

図 6-4　ステップ 4 の結果

ステップ 5　表示桁を調整しよう

① 範囲 E4:E12 を指定
② [数値] の [小数点以下の表示桁数を減らす] ボタンを数回押して，小数点以下 2 桁までに調整

	A	B	C	D	E
1		表6-1 広告業の業務種類別売上高			
2			(単位：百万円，%)		
3		業務種類	平成27年	平成28年	増減率
4		４媒体広告	2,031,315	2,035,988	0.23
5		屋外広告	66,456	67,597	1.72
6		交通広告	203,586	200,030	-1.75
7		折込み・ダイレクトメール	685,200	671,255	-2.04
8		海外広告	55,897	54,553	-2.40
9		ＳＰ・ＰＲ・催事企画	833,086	837,573	0.54
10		インターネット広告	561,516	649,716	15.71
11		その他	1,486,847	1,572,186	5.74
12		合計	5,923,903	6,088,898	2.79
13		通商産業省「特定サービス産業動態統計調査」2017年6月分確報より			

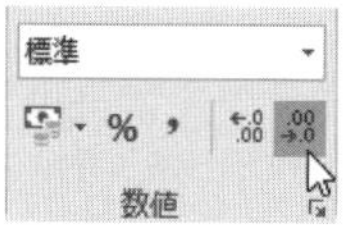

図 6-5　ステップ 5 の結果

ステップ 6　罫線を引こう

① 範囲 B3:E12 を指定
② [フォント] の [罫線] ボタンの [ドロップダウン] ボタン▼をクリックし，[格子] ⊞を選択

ステップ 7　文字サイズを調整しよう

単位および出典の文字サイズを調整します。これらが入力されているセルをアクティブにし，[フォント] → [フォントサイズ] の [ドロップダウン] ボタン▼よりサイズを指定します。

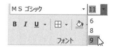

ステップ 8　タイトル・単位の位置を調整しよう

① 範囲 B1:E1 を指定
② [配置] の [セルを結合して中央揃え] ボタン セルを結合して中央揃え をクリック

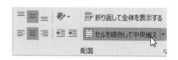

③ 範囲 D2:E2 を指定
④ [配置] の [セルを結合して中央揃え] ボタンをクリック
⑤ [配置] の [右揃え] ボタンをクリック

第6章

以上の ステップ1 ～ ステップ8 により，図6-1（表6-1）が完成します。

ステップ9　ファイルを保存しよう

完成した表（作業結果）を保存します。手順はWordの場合と同じです。

① ［ファイル］タブの［名前を付けて保存］より［参照］を選択
② ファイル名をたとえば，「広告業の業務種類別売上高」として入力
③ 保存先をたとえば，USBメモリに指定
④ ［保存］ボタンをクリック

ステップ10　表を印刷しよう

① ［ファイル］タブの［印刷］で［印刷プレビュー］を確認
② プレビューがOKなら［印刷］ボタン をクリック

ステップ11　Excelを終了しよう

ウィンドウの右上にある［閉じる］ボタン をクリックして終了します。

ステップ12　保存したExcelファイルを開こう

① ［エクスプローラー］を起動する
② 保存したファイルがあるドライブを開く
③ ［広告業の業務種類別売上高］をダブルクリック

ステップ13　考察しよう

作成した表より，広告業務売上高は，平成27年に比べて平成28年は約3％増加しています。業務別にみると，インターネット広告は約16％増加しています。他の広告業務は約－2.5％から6％の間で変化しています。

6.4　実践問題6-2　表の編集

広告業の業務種類別売上高データで，各年の構成比（合計に占める各項目の割合）を求め，もう少し分析を進めます。目標は，図6-6に示す表の完成です。

表6-1　広告業の業務種類別売上高

（単位：百万円，％）

業務種類	平成27年	構成比	平成28年	構成比	増減率
４媒体広告	2,031,315	34.3	2,035,988	33.4	0.23
屋外広告	66,456	1.1	67,597	1.1	1.72
交通広告	203,586	3.4	200,030	3.3	-1.75
折込み・ダイレクトメール	685,200	11.6	671,255	11.0	-2.04
海外広告	55,897	0.9	54,553	0.9	-2.40
ＳＰ・ＰＲ・催事企画	833,086	14.1	837,573	13.8	0.54
インターネット広告	561,516	9.5	649,716	10.7	15.71
その他	1,486,847	25.1	1,572,186	25.8	5.74
合計	5,923,903	100.0	6,088,898	100.0	2.79

通商産業省「特定サービス産業動態統計調査」2017年6月分確報より

図6-6　実践問題6-2の目標

ステップ14　列を挿入しよう

図6-1で：

① 列番号Dを右クリックして指定し，［挿入］を選択
② 列番号Fをクリックして，①と同様にして列を挿入
③ D3セルに「構成比」と入力

ステップ15　構成比を計算しよう

① D4セルに「=C4/C$12*100」を入力して［Enter］（C$12とすることに注意）[3]

B	C	D
	表6-1　広告業の業務種類	
業務種類	平成26年	構成比
4媒体広告	2,094,996	+C4/C$12*100

---

[3] ステップ4にも記したように，セル番地はマウスを使ってセルをクリックして入力します。「＝C4/C12*100」と入力しておき，後から「$」をキー入力します。
なお，100倍せずに「＝C4/C$12」と入力し，後で［数値］グループにある［パーセントスタイル］ボタンを用いてパーセント表示に変更することもできます。このときセル内には「％」が表示されます。

② D4 セルのフィルハンドル■を D12 セルまでドラッグ
③ 範囲 D4:D12 を指定
④ ［小数点以下の表示桁数を減らす］ボタン を用いて小数点以下 1 桁まで表示
⑤ 範囲 D3:D12 を指定
⑥ マウスの右クリックで［コピー］を選択
⑦ F3 セルをマウスで右クリックし，［貼り付け］を選択

以上の **ステップ14**～**ステップ15** により，図 6-6 に示す表が完成します。

6.5 実践ステップの詳説

ステップ1　Excel を起動しよう

実践ステップで見たように，Excel の起動画面は次のようになっていました。

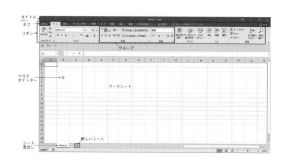

タイトルバーには，標準（デフォルト）のファイル名「Book1」とソフトウェア名（Excel）が表示されています。Word の場合と同じように，タイトルバーの右端には［最小化］ボタン，［最大化］ボタン，［閉じる］ボタンが並んでいます。タイトルバーの下に「リボン」があり，これは［タブ］や［グループ］，［コマンド］から構成されています。

Word と異なるのは，ウィンドウ下のシート見出しです。シートとは表を作成するための作業エリアのことで，シート見出しは「シートの名前」です。シートの集まり全体をブック（Book）と言います。シート見出しをクリックすれば，別のシートを開いて利用することができます。右端の［新しいシート］

をクリックするとシートの追加が可能です。

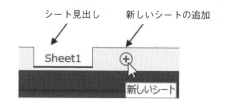

シートを削除するには，シート見出しをマウスで右クリックし，［削除］により行うことができます（［削除］ボタンの［シートの削除］でも可能）。

シートはたくさんのセル（図中の小さなマス目）の集まりです。太い線で囲まれているセル（左図では A1 セル）がアクティブセルで，さまざまな操作の対象となるセルです。たとえばキーボードから数字や記号を入力すると，アクティブセルの中に入ります。

別のセルをアクティブにするには，矢印キーで移動するか，アクティブにしたいセルをポイントしてクリックします。名前ボックスにはアクティブセルのセル番地が表示されます。また，その右にある数式バーにはアクティブセルの内容が表示されます。

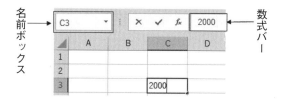

セルには名前がある

シートの縦の並び（列）の上にアルファベットで列番号（A,B,C,…,Z,AA,…,AZ,…,XFD）が，左端に行番号（1,2,3,…,1048576）が付いています。列番号と行番号の組合せ（セル番地）で特定のセルを指定することができます。なお，ワークシートの行数は約 100 万，列数は約 16,000 あります。

練習
- D5 セルをアクティブにしてみましょう。
- 矢印キーで，アクティブセルを C8 に移動してみましょう。

ステップ2　数値，文字を入力しよう

Excel ではセル単位で入力を行います。文字や数値だけでなく，式や関数を入力して計算することもできます。セルへの入力のしかたはワープロの場合と同じです。ただし，数値データや式を入力するときは半角の英数記号を用いるので，日本語入力をオフにしておきます。数字の入力は，デスクトップパソコンの場合，テンキーを用いると便利です。なお，Excel では［Enter］キーを押して初めてセルの内容が確定します。

数式や関数を入力するときには，まず「=」（半角のイコール）または「+」（半角のプラス）などを入力してから，計算式を入力します。

セル番地を入力する場合は，キーボードから直接入力せず，マウスでセルをクリックして入力します。

規則正しい数値等を入力する方法

年（たとえば，1990 年から 2000 年）や月（1 月から 12 月），曜日（月曜日から日曜日）といったように入力するデータが規則正しい数値や記号の場合，最初の 1 つまたは 2 つを入力して，後は自動的に入力することが可能です。この機能をオートフィルと言います。

たとえば，範囲 A4:A12 に「2 年」から「10 年」を入力するには，最初の 1 つを入力後，そのセルのフィルハンドル■をポイントしてドラッグします。

また，「1970 年，1975 年，1980 年〜 2010 年」と 5 年間隔で入力したい場合は次のようにします。
① 最初の 2 つ「1970 年」「1975 年」を各セルに入力
② 2 つのセルの範囲を指定
③ フィルハンドル■を下にドラッグ

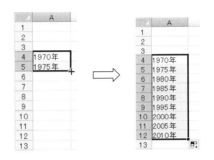

練習
- A1 セルから A7 セルに，月曜日から日曜日までの曜日を入力してみましょう。
- B1 セルから B10 セルに，1，3，5，…，19 を入力してみましょう。
- C1 セルに「1 月」と入力し，C1 セルのフィルハンドルを下にドラッグするとどう変化するか見てみましょう。

同じ数字や記号を連続したセルに入力する方法（コピーする方法）

1 つのセルに数字や記号を入力し，フィルハンドルをドラッグするとコピーできます。数値等の内容が変化してしまう場合は，［Ctrl］キー（コントロール・キー）を押しながらドラッグすると変化しません。

数字を文字として入力したい

数字を文字（記号）として入力したいことがあります。その場合には，最初に「'」（半角のコーテーションマーク）を入力します。数値として入力してから，その箇所で右ボタンをクリックして［セルの書式設定］を選び［表示形式］を「文字列」に変更しても構いません。

入力の間違いの修正

訂正したいセルに新たに入力すると上書きされます。［Delete］キーでセルの内容を消してから入力し直しても構いません。入力途中でミスに気づいたときは［Esc］キー（エスケープ・キー）を押すとクリアできます。

部分的に修正したい場合は，まずセルをアクティブにし，数式バーまたはセル内の修正したい箇所を

クリックして修正します。

セル範囲の指定

マウスポインターが✚の形をしているときにドラッグすれば、複数のセルを選択することができます。先頭のセルをクリックした後、[Shift]キー（シフト・キー）を押しながら最後のセルをクリックしても複数のセルを一度に選択することができます。ただし、これらの方法の場合、選択されるセルは連続していなくてはなりません。次図のように飛び離れた範囲（B3:B6およびD3:D4）を選択したいときは、B列の選択を終えたあと、[Ctrl]キーを押しながら、D3:D4の選択を行います。

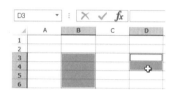

セル内容の消去

セルの内容を消したい場合には、セルまたはセル範囲を指定して[Delete]キーを押します。

行や列の削除・挿入

行番号や列番号を右クリックして[削除]を選択すると、行単位や列単位で削除することができます。逆に行や列を挿入することもできます。挿入したい位置の行番号や列番号位置を右クリックし、[挿入]を選択します。複数の行や列の場合は、ドラッグして指定してから右クリックします。

コピーや移動

[コピー]や[切り取り]と[貼り付け]コマンドを組み合わせて、コピーや移動を行うことができます。移動では移動させたい範囲を指定し、指定した範囲の外枠をポイントし、ドラッグして移すこともできます。

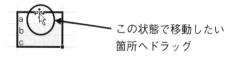
この状態で移動したい箇所へドラッグ

次図のように、作成した表の行と列を入れ替えてコピーしたい場合、コピーしたい範囲（範囲B3:F4）を指定して[コピー]を選択し、コピー先のセル（H3）を右クリックして、[貼り付けのオプション]で[行列を入れ替える]を選択します。[形式を選択して貼り付け]を選択し、[行列を入れ替える]をチェックして[OK]でも可能です。

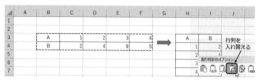

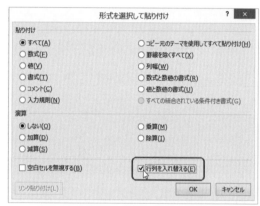

操作の取り消し

操作をまちがえたり何か操作を行っておかしくなったりした場合、[元に戻す]ボタン ↩ をクリックすると、操作前の状態に戻すことができます。

ステップ3　表の形を整えよう

まずはセルへの入力作業をすべて済ませます。その後、表示形式のさまざまな設定により表の形を整えます。リボンは、次図（一部表示）のように、タブの中にグループがあり、その中にコマンドボタンを配置するという階層構造になっています。たとえば、[ホーム]タブに[フォント]グループがあり、その中に[フォント]ボックスや[フォントサイズ]ボックスが配置されています。

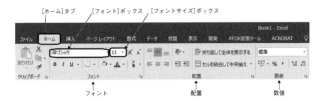

これらの機能を利用するときは，まず作業の対象としたいセルやセル範囲，行番号，列番号等を指定し，その後，機能を選択します。なお，[フォント]ボックスや[フォントサイズ]ボックスのように[ドロップダウン]ボタン▼がついているものに関しては，これをクリックすることによって表示されていない他のオプションを選択することができます。

なお，利用したいツールが表示されていない場合，[グループ]の右下隅にあるダイアログボックスランチャーをクリックし，書式設定を表示して選択できます。

(1) セルの書式を設定する

セルに入力する文字数が標準の列幅に対して多すぎる場合，セルに入りきらずうまく表示されません。そのときは，
- 列幅を調整する
- セル内で文字を折り返して全体を表示する
- フォントの大きさを小さくする

のいずれかにより調整します。

列幅を調整する

幅を調整したい列の列番号をクリックして指定し（複数の列の幅を同時に，同じ大きさに変更したい場合は，ドラッグして指定），範囲の右端の列番号と次の列番号の間にポインターを移動し，ポインターの形が✥となる位置で右（列幅を拡大する）または左（列幅を縮小する）にドラッグします。

1つのセル内で文字を複数行に表示する

セルに入力する文字数が異なる場合，列幅を拡大すると表全体としてアンバランスになることがあります。そのときはセルの中で複数行に表示するよう指定できます。それには，指定したいセルで右クリックし，[セルの書式設定]→[配置]より「折り返して全体を表示する」をチェックします。

(2) セル内の文字配置を調整する

文字位置を調整したいセルやセル範囲を指定し，[配置]の［左揃え］，［中央揃え］，［右揃え］のいずれかをクリックします。

(3) 数字の3桁ごとの区切りにカンマをつける

カンマをつけたい数値データのセルや範囲を選択し，[数値]の［桁区切りスタイル］ボタン , をクリックします。

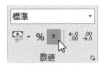

カンマ (,) による桁区切りスタイルをキャンセルしたい場合，範囲を指定して，[セルの書式設定]より［分類］を「数値」に切り替えて，[桁区切り (,) を使用する]のチェックを外します。

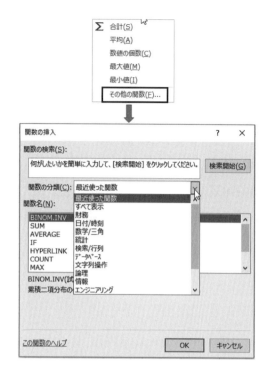

ステップ4　計算しよう

Excel は四則演算だけでなく高度な計算機能を持っています。計算式を入力する場合は，最初にプラス「+」またはイコール「=」を入力し，次いで式を入力していきます。四則演算としては，プラス「+」，マイナス「−」以外に，掛け算（乗算）には「*」（アスタリスクまたはスター）を，割り算（除算）には「/」（スラッシュ）を用います。これらはすべて，半角記号で入力します。

関　数

関数を用いてデータを入力・加工することができます。関数とは，特定の計算を行うためにあらかじめ Excel に内蔵されている計算式のことです。［編集］グループの［オート SUM］ Σオート SUM ▼ボタンを用いると，合計を計算することができます。また，ボタン右にある［ドロップダウン］ボタン▼をクリックして，平均や最大値を求めることができます。「その他の関数」より検索したり一覧を表示したりすることもできます。財務や統計，数学関係の関数など多くが用意されています。［最近使った関数］が表示されますが，［ドロップダウン］ボタン▼を用いてさまざまな関数を選択できます。

なお，関数を計算するときに利用する値やデータの範囲など丸括弧（ ）内に書かれるものを「引数」（ひきすう）と言い，計算結果を「戻り値」（もどりち）と言います。

セル参照の2つの方式：相対参照と絶対参照

実践問題 6-1 では，C12 セルをアクティブにして［オート SUM］ボタンをクリックしました。これによりセルに何が入力されたかを確認してみましょう。それには［数式バー］を利用します。C12 セルをクリックすると，入力されている内容が［数式バー］に表示されます。

数式バーには

= SUM(C4:C11)

と表示されます。これは「C4 セルから C11 セルの範囲（C4:C11）の合計（SUM）を求めよ」という命令です。セル範囲「C4:C11」が関数 SUM の引数です。

Excel がこの計算を行う際，C4 セルから C11 セルに入力されている数値を参照して合計を計算します。これをセル参照と言います。ではなぜ，C12 セルをドラッグして D12 セルにコピーしただけで，平成 28 年度の合計の値を正しく計算できるのでしょうか。

C12 セルに入力されている範囲 C4:C11 を Excel は「相対的」に参照します。C12 セルから見ると範囲 C4:C11 は「8つ上のセルから1つ上のセルま

での範囲」なので，

  = SUM(C4:C11)

は，

  = SUM(8つ上のセル:1つ上のセル)

を意味します。ですからこの式がD12セルにコピーされると，D12セルから見た「8つ上のセルから1つ上のセルまでの範囲」の合計，すなわち，

  = SUM(D4:D11)

となります。このような，入力されているセルからの相対的な位置関係で他のセルを参照する方式を相対参照と言います。本当にそうなっているかどうかを確認するためにD12セルをクリックしてみましょう。数式バーには，

  = SUM(D4:D11)

が表示されるはずです。

相対参照に対して，常に特定のセル内容を参照する方法が絶対参照です。絶対参照するには行番号や列番号の前にドル記号「$」を付けます。たとえば計算で「A1」セルの内容を常に用いたいならば計算式で「A1」とします。

絶対参照の指定

絶対参照のしかたには3つあります。行と列のどちらも絶対参照する，つまりどちらも固定するには「A1」とし，列番号のみを固定し，行番号は相対参照する（コピーすると変化しても良いとする）には「$A1」，列番号は相対参照し，行番号のみを固定するには「A$1」とします。状況に応じて，相対参照と絶対参照をうまく使い分けると，たくさんの同じ形の計算処理を，コピーおよび貼り付けやドラッグにより済ますことができ，非常に簡単になることがあります。

（注意） Excelで計算をしたとき，セル内の表示が「#DIV/0」や「######」となることがあります。「#DIV/0」は，0で割り算（Divide）しているというエラーメッセージです。分母で参照しているセルの内容が0だったり，数値が入力されていなかったりすることから生じます。原因として，絶対参照にすべきところをそうしていないことから生じている場合が多くあります。
　「######」と表示される場合は，セルの幅が狭くて数値を表示しきれないことを意味します。この場合はセルの幅を広げることにより解決できます。

|練　習|

・D4セルに入力した前年比の式をD5からD9にコピーすることにより，それらの値を求めました。［数式バー］を用いて，D4セルの内容がD5セルにコピーされたとき，どう変化しているか確認してみましょう。

・C4セルの値を「20000」に変更してみましょう。これにより，他のセルの値がどう変更されるかチェックし，なぜそうなるのか考えてみましょう。

ステップ5　表示桁を調整しよう

Excelで関数を用いたり割り算を行ったりすると，小数点以下の多くの桁が示されます。比率やシェアなどの値をパーセントで求めた場合，通常，小数点以下1桁程度で十分です。［小数点以下の表示桁数を減らす］ボタンを利用して表示する桁を調整しておきましょう。

ステップ6　罫線を引こう

格子状の罫線を引くときは，罫線を引きたいセル範囲を指定して，［罫線］の［ドロップダウン］ボタン▼より［格子］⊞を選択します。これに対して部分的に罫線を引きたい場合は，部分的に範囲指定しながらさまざまなタイプの罫線ボタンを選択していきます。

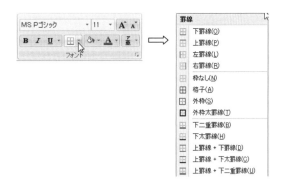

罫線の消去

罫線を消去したいときは，範囲を指定してから，［罫線］より［枠なし］を選択します。

より高度な罫線

より高度な罫線を用いたい場合は，範囲指定の後，マウスの右クリックより［セルの書式設定］を選択し，［罫線］より詳細を設定します。線のスタイルを変更したり， や を用いて斜線を引いたりすることができます。

ステップ8　タイトル・単位の位置を調整しよう

セルの結合をキャンセルしたい場合，結合しているセルをクリックして指定し，マウスの右クリックで［セルの書式設定］の［配置］より［セルを結合する］のチェックを外します。

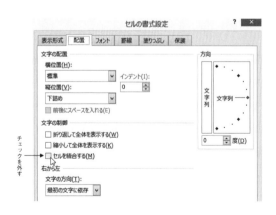

ステップ9　ファイルを保存しよう

完成した作業結果を保存します。手順はWordの場合と同じです。自分の使用環境に応じて，保存先をUSBメモリ（リムーバブルディスク）やハードディスク（HD）内の適切なフォルダーとします。

こまめに保存を！

他のアプリケーションを利用する場合と同様、作業の途中でこまめに保存しましょう。完成してから保存しようと考えていると，不意のトラブルで作業内容を失う危険があります。

ステップ10　表を印刷しよう

Excelで印刷するとき，実際に印刷する前に，どのような状態で印刷されるかを［印刷プレビュー］画面で確認してください。大きな表の場合，不自然な形に表が分割されて印刷されてしまうことがあります。

プレビューした結果，設定を変更したい場合は、［設定］より，片面・両面印刷，［印刷の方向］（紙の向き）や縮小率などを調整してから印刷してください。

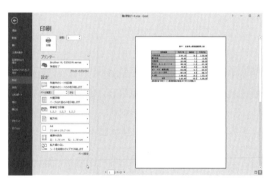

表の一部のみを印刷する

Excelでは印刷範囲を指定し，表の一部分のみを印刷することもできます。

① 印刷したい範囲を指定
② ［ファイル］タブの［印刷］を指定
③ ［設定］で［選択した部分を印刷］を選択
④ ［印刷］をクリック

ステップ 11　Excel を終了しよう

ウィンドウの右上の［閉じる］ボタンをクリックして終了します。

ステップ 12　保存した Excel ファイルを開こう

エクスプローラーを起動し，開きたいファイルが保存されているフォルダーを開いて，ファイル名をダブルクリックするだけで，アプリケーション（今の場合 Excel）の起動とファイルの読み込みを同時に行うことができます。タイトルバーにファイル名「広告業の業務種類別売上高.xlsx」とファイル名が表示されていることに注意してください。

ステップ 14　列を挿入しよう

列の挿入についてはステップ 2 の詳説中の「行や列の削除・挿入」を参照してください。

ステップ 15　構成比を計算しよう

D4 セルに
$= C4/C\$12*100$

と入力しましたが，C\$12 とすることによって行番号 12 を絶対参照（固定）しています。これをコピーすることにより D5 から D12 までの値を求めました。次に，標題の「構成比」を含めて範囲 D3:D12 をコピーし，範囲 F3:F12 に貼り付けることにより，平成 28 年度の値を一挙に求めることができました（セル範囲を貼り付ける場合，貼り付けたい位置の左上のセルを指定します）。

この方法では，先に合計を求め，表示桁数を調整してから平成 28 年度の位置に貼り付けたので，平成 28 年度の合計が自動的に計算され，しかも表示桁数を調整する必要もなくなりました。コピーでは，セルの書式も一緒にコピーされます。

練　習　このステップの式で，「\$C\$12」とせずに「C\$12」としたのはなぜか考えてみましょう。

[練習問題 6-1]　表 6-2 は，製造業の従業者規模別の企業数，製造品出荷額等のデータです（経済産業省：http://www.meti.go.jp/statistics/tyo/kougyo/result/2.html より）。空白部分（「計」と「構成比」）を計算して表を完成し，ファイル名を「従業者規模別構成比」として保存しましょう。

表 6-2 企業の従業者規模別構成比

構成比：％；出荷額：百万円

従業者規模	企業数	構成比	従業者数	構成比	出荷額等	構成比
計						
4人～9人	77,071		471,454		5,469,379	
10人～19人	44,351		603,301		9,184,958	
20人～29人	20,813		508,097		9,435,039	
30人～49人	13,365		519,736		11,158,545	
50人～99人	11,863		826,877		21,349,082	
100人～199人	6,293		868,506		26,451,286	
200人～299人	1,977		479,342		18,320,186	
300人～499人	1,520		577,090		25,564,028	
500人～999人	930		643,518		29,290,454	
1000人～4999人	563		1,046,731		77,943,142	
5000人以上	72		858,617		70,973,891	

出典：平成 26 年工業統計表「企業統計編」データ

[練習問題 6-2] 表 6-3 は，日本における情報化投資関連の推移データです。Excel を用いてこの表を作成し，作成したファイルのファイル名を「日本の情報化投資の推移」として保存してみましょう。ただし，キーボードから直接入力するのは「年」「情報化投資」「民間設備投資」「GDP」のデータのみで，他は次式より求めます。

・情報化投資指数＝情報化投資÷2005年の情報化投資×100
・民間設備投資に占める情報化投資比率（％）＝情報化投資÷民間企業設備投資×100
・GDP に占める情報化投資比率＝情報化投資÷GDP×100

表 6-3 日本の情報化投資関連データの推移

(単位：2005 年価格，10 億円)

年	情報化投資	情報化投資指数 (2005 年＝100)	民間企業設備投資	GDP	民間設備投資に占める情報化投資比率（％）	GDP に占める情報化投資比率（％）
2001 年	11,607	92.1	64,404	476,535	18.0	2.4
2002 年	10,556	83.8	61,059	477,915	17.3	2.2
2003 年	11,759	93.3	64,066	485,968	18.4	2.4
2004 年	12,130	96.3	66,292	497,441	18.3	2.4
2005 年	12,598	100.0	70,069	503,921	18.0	2.5
2006 年	14,047	111.5	72,888	512,452	19.3	2.7
2007 年	14,730	116.9	76,478	523,686	19.3	2.8
2008 年	15,561	123.5	74,508	518,231	20.9	3.0
2009 年	14,168	112.5	63,854	489,588	22.2	2.9
2010 年	14,850	117.9	64,075	512,365	23.2	2.9
2011 年	14,903	118.3	66,698	510,045	22.3	2.9
2012 年	15,532	123.3	69,161	518,989	22.5	3.0
2013 年	16,259	129.1	69,458	527,362	23.4	3.1

（出典） 総務省『平成 27 年度 ICT の経済分析に関する調査 付属資料』
(http//www.soumu.go.jp/johotsusintokei/link/link03_03.html)

6.6 少し進んだ内容

6.6.1 書式設定の詳細

セルやセル範囲の表示形式を変更することができます（行，列の単位でも可能です）。よく利用するのは，[ホーム] タブにある [フォント]，[配置]，[数値]，[スタイル]，[セル] などでしょう。

[セル] グループの [書式] には [行の高さ] や [列

の幅]，[行の高さの自動調整]といった項目があり，行の高さや列の幅を調整することができます。[書式]→「セルの書式設定」を選択すると，以下に示す設定が可能です。

6.6.2 他のファイル形式との関係

図6-7は，日本の産業別実質GDPの推移データの一部です（『平成28年版 情報通信白書』の資料編よりダウンロードできます）。このデータをダウンロードし，Excelで開いた後，1行目と2行目を削除し，[ファイル]タブ→[名前を付けて保存]→[参照]を選択します。保存場所を指定してから[ファイルの種類]を「CSV（カンマ区切り）(*.csv)」に変更して保存します（ファイル名はそのまま）。

図6-7 日本の産業別実質GDPの推移

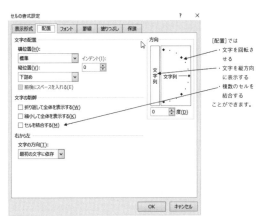

ファイルについたアイコンを見ると

となっています。このような CSV 形式のファイルは Excel に関連づけられており，ダブルクリックすると Excel が起動し，ファイルを開くことができます。

このファイルを，エディター（たとえば，メモ帳）で開いてみましょう[4]。メモ帳で［ファイル］→［開く］を選択し，［ファイルの種類］を「すべてのファイル（*.*）」に変更して読み込みます。あるいはプログラムを起動しておいて，そのウィンドウにファイルをドラッグします。図 6-8 のような内容が表示され，内容を読むことができます。これに対して，通常の Excel 形式のファイルをエディターで直接開くと図 6-9 のようになり，文字化けしており，内容はわかりません。

CSV ファイルは，カンマで区切られたテキストファイルです。カンマが Excel でのセルの区切りに対応します。よって，エディター等を用いてカンマで区切りながらデータを入力しておいて，ファイル拡張子を「csv」として保存しておくと，このファイルをダブルクリックすることにより Excel を起動してファイルを開くことができます。また，データが Excel ファイルや CSV ファイルで提供されていない場合，その内容をコピーした後，エディターに貼り付け，半角のカンマで区切ることにより Excel に読み込める形に編集することができます。

図 6-8　日本の産業別実質 GDP の推移のテキストファイル

図 6-9　Excel ファイルをエディターで開いた結果

---

[4] メモ帳に関しては第 1 章を参照して下さい。

第7章 グラフを作ってみよう

この章では、Excel を用いてグラフを作成する際に必要となる
- ■グラフの種類
- ■グラフの作成方法
- ■グラフの編集方法

について学びます。

7.1 グラフの重要性

データを分析するにあたって、データを単に眺めていても必要な情報を抽出することは困難です。そこでデータを要約する作業が必要となります。その代表的な方法の1つにグラフ化があります。データをグラフで表すと、全体としてデータがばらつく姿やそのパターンを直感的に把握することができます。本章では、Excel を用いたグラフの作成方法および、グラフ作成時の注意事項を学びます。

7.2 実践問題 7-1 簡単なグラフの作成

第6章の練習問題 6-2 で取り上げた日本の情報化投資関連の推移データ（表 7-1 に再掲）を用いて、情報化投資対民間設備投資比率の変化の傾向を見てみます。こうした時系列データのグラフ化には通常、折れ線グラフを用います。目標は、図 7-1 に示す折れ線グラフを作成することにあります。

表 7-1 日本の情報化投資関連データの推移

（単位：2005 年価格、10 億円）

年	情報化投資	情報化投資指数 (2005 年 = 100)	民間企業設備投資	ＧＤＰ	民間設備投資に占める情報化投資比率（％）	GDP に占める情報化投資比率（％）
2001 年	11,607	92.1	64,404	476,535	18.0	2.4
2002 年	10,556	83.8	61,059	477,915	17.3	2.2
2003 年	11,759	93.3	64,066	485,968	18.4	2.4
2004 年	12,130	96.3	66,292	497,441	18.3	2.4
2005 年	12,598	100.0	70,069	503,921	18.0	2.5
2006 年	14,047	111.5	72,888	512,452	19.3	2.7
2007 年	14,730	116.9	76,478	523,686	19.3	2.8
2008 年	15,561	123.5	74,508	518,231	20.9	3.0
2009 年	14,168	112.5	63,854	489,588	22.2	2.9
2010 年	14,850	117.9	64,075	512,365	23.2	2.9
2011 年	14,903	118.3	66,698	510,045	22.3	2.9
2012 年	15,532	123.3	69,161	518,989	22.5	3.0
2013 年	16,259	129.1	69,458	527,362	23.4	3.1

（出典） 総務省『平成 27 年度 ICT の経済分析に関する調査 付属資料』
(http//www.soumu.go.jp/johotsusintokei/link/link03_03.html)

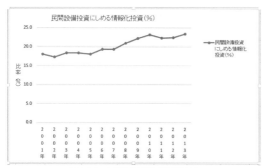

図 7-1　目標の折れ線グラフ

＊図 7-1 では項目が 1 つのため凡例は不要ですが、後の問題で利用するためここでは残しています。

7.3　実践ステップ

ステップ 1　ファイルを開こう

［エクスプローラー］を起動し、日本の情報化投資の推移の Excel ファイルが入っているドライブのフォルダーを開き、ファイル名「日本の情報化投資の推移」をダブルクリックします。

ステップ 2　グラフの種類を選択しよう

① ［挿入］タブをクリック
② ［グラフ］グループの［折れ線］→［2-D 折れ線］→［マーカー付き折れ線］を選択

以上により、次に示すグラフエリアが表示されます。グラフエリアの右上には、グラフ要素、グラフスタイル、グラフフィルターという 3 つのボタンが配置されています。

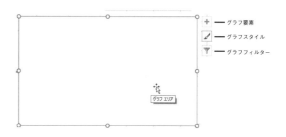

ステップ 3　使用するデータを指定しよう

① グラフエリアをマウスで右クリックし、［データの選択］を選択
（または、［デザイン］→［データ］→［データの選択］）
② ［データソースの選択］より［凡例項目（系列）］の［追加］をクリック

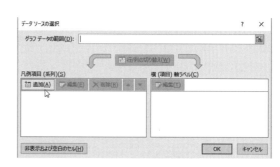

③ ［系列の編集］で、
・［系列名］の右のボタン をクリックし、G3 セルをクリックして入力[1]。［閉じる］をクリック
・［系列値］の右のボタン をクリックして、「={1}」が網かけされた状態でセル範囲 G4:G16 セルを指定して［閉じる］をクリック

・次図の状態で［OK］をクリック

---

[1] テキストボックスには「=Sheet1!G3」が入力されますが、これは Sheet1（シート名）の G3 セルを意味します（「シート名！セル範囲」の形）。

④ ［横（項目）軸ラベル］の［編集］をクリックし，範囲 B4:B16 を指定して［OK］

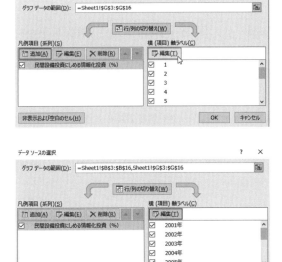

ステップ4　グラフを表示しよう

［データソースの選択］の［OK］ボタンをクリックすると，グラフが表示されます。

ステップ5　グラフを完成させよう

軸ラベル（軸タイトル）を入力する

① グラフをクリックし，表示された［グラフ要素］＋の［軸ラベル］をチェックし，表示されたボックスに「比率（%）」を入力

なお，不要な軸ラベル（たとえば横軸ラベル）は，クリックして削除できます。

② 今入力した軸ラベルの上で右クリックし，［軸ラベルの書式設定］を選択

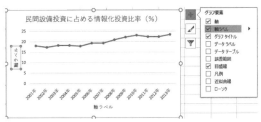

③ ［軸ラベルの書式設定］の［文字のオプション］より［テキストボックス］を選択し，［文字列の方向］を［縦書き］にする

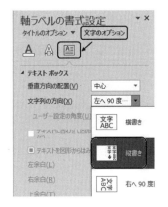

グラフのタイトルの文字の大きさを調整する

① グラフタイトルをクリック
② 変更したい文字の範囲を指定し，［ホーム］タブ→［フォント］→［フォントサイズ］より大きさを調整

なお，グラフタイトルが表示されていない場合は，［グラフ要素］のグラフタイトルをチェックして表示します。

凡例を調整する

① ［グラフ要素］の［凡例］をチェック
② 凡例をクリックし，表示された［サイズ調整ハンドル］をドラッグして調整するとともに，適切な位置へ移動させる

大きさの調整　　　　　移動

横軸ラベルを調整する
① 横軸ラベルの上で右クリックして[軸の書式設定]を選択
② [軸の書式設定]の[文字のオプション]より[テキストボックス]を選択し,[文字列の方向]を[縦書き(半角文字含む)]にする

グラフの大きさを調整する
グラフ全体またはプロットエリアの外枠の四隅と中点にある[サイズ変更ハンドル]をドラッグして適切な大きさに調整します。

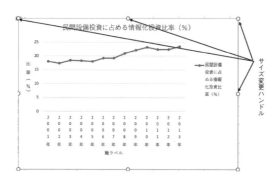

以上により,図7-1の折れ線グラフを得ます。

ステップ6　グラフから情報を考察しよう

図7-1の折れ線グラフより,民間設備投資に占める情報化投資の割合は2001年から2010年にかけて,約18%から約23%へと増加しています。

2010年から2013年にかけては,22%〜23%で推移しています。

ステップ7　ファイルを保存しておこう

[ファイル]→[上書き保存]をクリックして,ファイルを上書き保存します。作成したグラフも一緒に保存されます。初めて保存する場合は,[ファイル]→[名前を付けて保存]により実行します。

7.4　実践問題7-2　グラフの編集

図7-1に「GDPに占める情報化投資比率」の折れ線グラフを追加してみましょう。複数の折れ線を描くことにより,年による変化のパターンに違いがあるかどうか比較することが可能になります。

ステップ8　データ系列を追加しよう

① グラフを右クリックし,[データの選択]を選択
② [データソースの選択]→[凡例項目]の[追加]をクリック

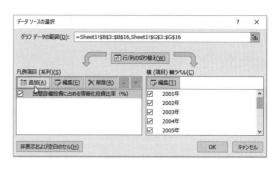

③ [系列の編集]で,
・[系列名]にH3セルをクリックして,「H3」を入力し,
・[系列値]にセル範囲H4:H16をドラッグして入力し,
[OK]をクリック

④ ［データソースの選択］で［OK］

グラフタイトルの修正
⑤ グラフタイトルをクリックし，「情報化投資の推移」に変更

凡例の修正
⑥ 凡例をクリックし，サイズ変更ハンドルにより，サイズ・位置を調整

以上の①～⑥により，図7-2を作成することができます。

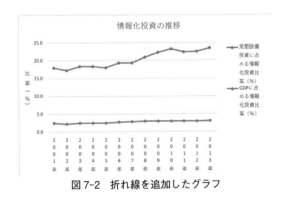

図7-2 折れ線を追加したグラフ

7.5 実践ステップの詳説

グラフの各部位には，図7-3に示すような名前がついています。グラフエリアには，グラフそのものが表示されるプロットエリアと，凡例や軸ラベル等も表示されるグラフエリアがあります。
グラフには次のような必要記入事項があります。
・グラフタイトル
・縦軸（Y軸），横軸（X軸）のタイトル（ラベル）
・縦軸，横軸の単位

・凡例（はんれい）

グラフを作成するにあたって，グラフを見るために必要な情報をすべて記入します。必要記入事項のないグラフは完成したものではありません。

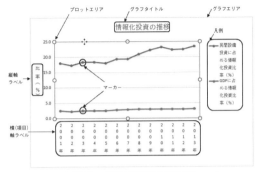

図7-3 グラフの部位の名前

ステップ2 グラフの種類を選択しよう

［挿入］→［グラフ］よりグラフの種類を選択し，さまざまなグラフを作成することができます。このとき，データの特徴に合った，必要な情報をうまく抽出できるグラフを選ぶ必要があります。

図7-4 Excelで作成できるさまざまなグラフ

グラフの種類および形式
Excelでは，
1) 縦棒 2) 折れ線 3) 円 4) 横棒 5) 面
6) 散布図
7) その他のグラフ（株価，レーダー，ヒストグラム，箱ひげ図）

といったグラフを作成することができます（図7-4参照）。さらに各グラフにもさまざまな形式があります。たとえば縦棒グラフでも約20の形式があります。各形式をポイントするとその説明が表示されるので，それを参考にしながら最適なものを選択しましょう。データに対応した適切なグラフの種類とその形式を選択してください。

基本的なグラフは折れ線グラフと棒グラフです。まずこれらの作り方をマスターしましょう。時系列

データのグラフ化には，折れ線グラフや棒グラフを一般に用います。比率としてデータを表示するには100%積み上げ棒グラフや円グラフを用います[2]。

グラフの種類の変更

グラフを作成した後で，グラフの種類を変更することができます。たとえば，棒グラフに変更したい場合，折れ線を右クリックし，［系列グラフの種類の変更］→［縦棒］→［集合縦棒］を選択します。すると，図7-5に示す棒グラフに変更することができます。

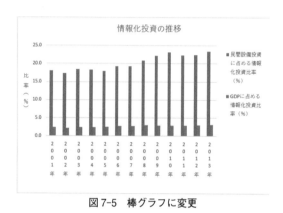

図7-5　棒グラフに変更

ステップ3　使用するデータを指定しよう

Excelでグラフを作成するには，2つの方法があります。実践問題では［データ］グループの［データの選択］から作成する方法を見ました。これは手順的には少し面倒ですが，確実にグラフを作成できる方法です。ここでは，データ範囲を先に指定する方法を見ます。これは，次のようにします。

① グラフに利用するデータの範囲をドラッグして指定します。このとき，データの項目名および軸ラベルが入力されているセルを含めてデータ範囲を指定しておくと，名前部分を凡例等で利用してくれます。本例のように飛び離れた範囲を指定する場合は，まず範囲B3:B16をドラッグして指定し，次いで［Ctrl］キーを押しながら範囲G3:G16を指定します。

② ［挿入］→［折れ線］→［2-D折れ線］の「マーカー付き折れ線」を選択します。

①〜②により，次のグラフが作成されます。横軸の「年」や凡例が自動的にグラフで利用されていることに注意してください。これは，これら項目名が入ったセルを含んでデータ範囲を指定したからです。とりあえずこの手順によりグラフを作成し，それを完成させていくとよいでしょう。

練習　範囲B3:B16とG3:H16を指定してから折れ線を選択すると（G3:H16は2列の範囲を指定しています），どんなグラフが作成されるか，確認してみましょう。

ステップ5　グラフを完成させよう

Excelで作成したグラフは後で簡単に編集できるので，とりあえず作成し，後で仕上げていくとよい

---

[2] 3Dグラフは利用しないのが基本です。見栄えが良いだけで，情報が読み取りにくかったり誤った印象を与えたりするという欠点を持っています。

でしょう。変更は，グラフツールを用いても可能ですし，グラフを直接編集していくことも可能です。なお，グラフを編集するには，グラフをクリックしてアクティブにしておく必要があります。

グラフツールによる方法

グラフツールを用いて，
- 編集したいグラフオブジェクトの選択
- 書式の設定
- グラフの種類の変更
- 凡例の表示／非表示
- データテーブルの表示
- 系列の読む方向の変更

等を行うことができます。

［グラフツール］の［レイアウト］や［書式］でさまざまな細かい設定が可能です。また，［グラフタイトル］や［軸ラベル］よりグラフタイトルおよび縦軸・横軸のタイトルを必ず記入しましょう。

グラフを直接編集する

次に，グラフを直接編集する方法を見ましょう。次のような編集を行ってみます。これは対応する各部をクリックすることにより可能です。

(1) タイトルのフォント・大きさを変更

タイトルの一部を右クリックし，「フォント」を選択し，好みのフォントの種類・スタイル・大きさに変更します。

(2) 縦軸の目盛りを変更

数値軸（縦軸）の一部分を右クリックし，［軸の書式設定］を選択します。［軸のオプション］で，最大値を「自動」から「30」に，目盛間隔を「自動」から「5」に指定します。最大値を変更すると最小値も自動的に変更されることがあるので，最小値は「0」に固定しておきましょう。

(3) 凡例の調整

凡例を右クリックし，［凡例の書式設定］で［枠線］を［線なし］に指定すると，凡例の枠を消去できます。また，ドラッグして望ましい位置に凡例を移動させることができます。

(4) グラフの背景色を変更

プロットエリアで右クリックし，［プロットエリアの書式設定］で［塗りつぶし］の色を選択します。

(5) マーカーを変更

マーカーの形・色等を変更できます。マーカーを右クリックし，[データ系列の書式設定]→[塗りつぶしと線]→[マーカー]→[マーカーのオプション]で「組み込み」を選択してマーカーの種類を○や◇に変更します。色やスタイルを変更したり影付きに変えたり，マーカーを結ぶ線のスタイルの変更もできます。

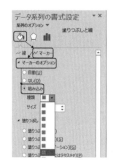

(6) グラフを移動

グラフを移動させるときは，グラフエリアをポイントして，ポインターが次図の状態でドラッグします。

(7) グラフに数値を表示

グラフの上で右クリックし，[データラベルの追加]を選択すると，グラフにデータの値が表示されます。

[データラベルの書式設定]を用いるとラベルの位置を変更することもできます。

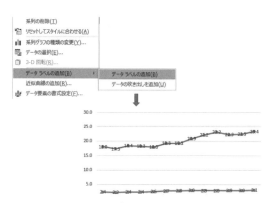

図7-6 データラベルの表示

[練習問題 7-1] 表7-2に示すデータは広告業の4媒体（新聞，雑誌，テレビ，ラジオ）の売上高の推移データです。各年の「積み上げ縦棒」グラフを作成し（図7-7），傾向を調べてみましょう。

表7-2 広告4媒体の売上高データ

（単位：百万円）

年	新聞	雑誌	テレビ	ラジオ
平成26年	386,855	110,196	1,546,013	51,932
27年	358,001	103,722	1,518,609	50,983
28年	343,873	95,802	1,544,046	52,266

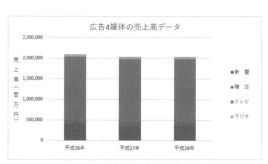

図7-7 積み上げ縦棒グラフ

[練習問題 7-2] 表7-3は日本・米国における情報化投資の推移データです[3]。データは，1995年を100とする指数になっています。折れ線グラフを描き，2ヵ国の違いを考察してみましょう。

---

[3] 総務省『平成23年版情報通信白書』(http://www.soumu.go.jp/johotsusintokei/whitepaper/h23.html) より。

表 7-3　実質情報化投資の推移の日米比較

(1995年＝100として指数化)

年	日本の実質情報化投資額(指数)	米国の実質情報化投資額(指数)
1995	100.0	100.0
1996	122.7	122.7
1997	139.8	152.7
1998	130.6	190.6
1999	128.1	233.8
2000	137.0	279.7
2001	146.9	282.4
2002	132.4	267.7
2003	152.9	283.5
2004	162.6	311.5
2005	175.7	336.7
2006	183.9	380.9
2007	197.3	428.4
2008	204.1	464.8
2009	185.4	463.9

(出典)　総務省「ICTの経済分析に関する調査」(平成23年)
(http://www.soumu.go.jp/johotsusintokei/link/link03.html)

[練習問題 7-3]　表 7-4 は，平成 14 年と 19 年の売り場面積規模別商店数のデータです[4]。この表より，図 7-8 に示す「集合縦棒」グラフを作成してみましょう。この例のように横軸ラベルが長い場合，図 7-9 のような横棒グラフを作成してもよいでしょう。

表 7-4　売り場面積規模別商店数

売り場面積(平米)	平成14年	平成19年
500以上　1000未満	900	593
1000以上　1500未満	404	309
1500以上　3000未満	563	727
3000以上　6000未満	275	498
6000以上　10000未満	35	65
10000以上	4	16

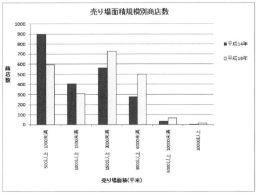

図 7-8　集合縦棒グラフ

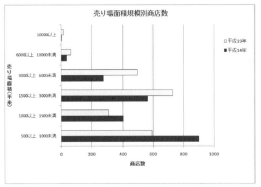

図 7-9　集合横棒グラフ

---

[4] 経済産業省『平成 21 年版　我が国の商業』(http://www.meti.go.jp/statistics/tyo/syougyo/dms/2009/index.html) より。

第8章　データベースを作成しよう

この章では，表計算ソフトを用いたデータベースについて
- ■データの入力
- ■データの並べ替え（ソート）
- ■条件に合ったデータの検索や抽出
- ■データの集計や分析

などの方法を学びます。

8.1　データベースとは

データベースとは，同じ項目で構成されたデータ（情報）をまとめたもので，いろいろな目的で利用されます。データを単に蓄積するだけでなく，必要に応じて更新したり，特定の目的に応じてデータを抽出したり，分類したりすること（これらを総称して，データを管理すると言います）を効率よく行うためには，データベースを利用すると便利です。

ソフトウェアの中にはデータベース専用のものもありますが（たとえばMicrosoft Officeに含まれるAccess），Excelで作成した表も簡単なデータベースとして用いることができます。データを「リスト」として入力しておくと，並べ替え・抽出・集計などのデータ管理を簡単に行うことができます。

8.2　実践問題
データベースの作成から使い方まで

図8-1は駅前ストアの2017年度第2四半期売上表の一部です（完全な表は章末に表8-2として添付しています）。これをデータベースとして用いて，データの管理を行ってみましょう。具体的には，

(1) データを営業所の五十音順に並べ替える（ソート）

(2) 売上高が15万円以上のデータを抽出して表示する（オートフィルター）

(3) 商品別の売上数量と売上高の合計を求める（自動集計）

ことを実践します。

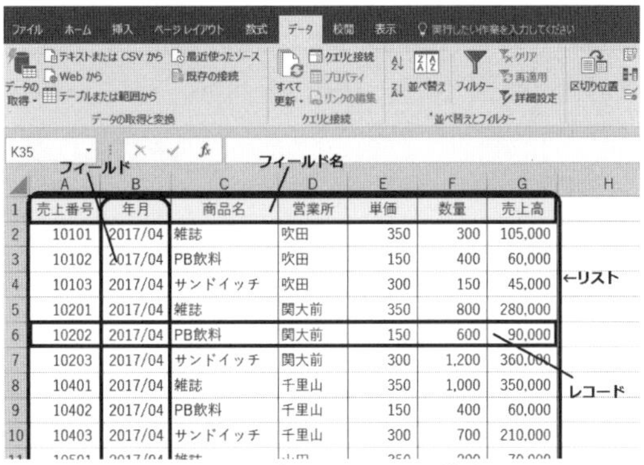

	A	B	C	D	E	F	G
1	売上番号	年月	商品名	営業所	単価	数量	売上高
2	10101	2017/04	雑誌	吹田	350	300	105,000
3	10102	2017/04	PB飲料	吹田	150	400	60,000
4	10103	2017/04	サンドイッチ	吹田	300	150	45,000
5	10201	2017/04	雑誌	関大前	350	800	280,000
6	10202	2017/04	PB飲料	関大前	150	600	90,000
7	10203	2017/04	サンドイッチ	関大前	300	1,200	360,000
8	10401	2017/04	雑誌	千里山	350	1,000	350,000
9	10402	2017/04	PB飲料	千里山	150	400	60,000
10	10403	2017/04	サンドイッチ	千里山	300	700	210,000

図8-1　データベースの構成

8.3　実践ステップ

ステップ1　データを入力しよう

表形式のデータベースでは，横1行のデータの集まりを**レコード**，縦のデータの集まりを**フィールド**，フィールドのタイトルを**フィールド名**（上記例では売上番号や年月，商品名等）と言います。データベースの元になるデータの一覧表を「リスト」と呼びます。

図を参考にデータを入力します。まず，入力するフィールド名を決め，入力します。

フィールド（列）単位に入力する時は，[Enter]

第8章

キーを用いて確定するとカーソルは下のセルへ移動することを利用します。上のセルへの移動は[Shift]キーを押しながら[Enter]キーを押します。

レコード（行）単位に入力したい場合には

[Tab]キー：次のセル（右のセル）へ移動

[Shift]キー＋[Tab]キー：前のセル（左のセル）へ移動

で順に横へ移動してデータを入力していくと便利です。最後の項目を入力したら[Enter]キーを押してください。自動的に次の行にカーソルが移動し、[Tab]キーで移動をはじめた列まで戻ります。

なお、入力中に[Tab]キー以外（たとえば、[→]キー）を使った場合には[Enter]キーを押しても正しく行頭に戻りません。その場合には、

[Home]キー：行頭へ戻る

を用います。

オートフィルやコピーおよび貼り付け、計算が利用できるところでは、それらを利用します。

作業が一段落したら、こまめに保存しましょう。

ステップ2　データを並べ替えてみよう

何らかの基準に従ってデータを並べ替えることを**ソート**と言い、並べ替えの基準を**キー**と言います。Excelでは、キーを複数個指定することができます。1つのキーだけを用いてデータの並べ替えを行うには、キーとして利用したいフィールド名を選択し、[昇順]ボタン、または[降順]ボタンを押すだけです。

例として、データを営業所の五十音順にソートしてみましょう。

① 「駅前ストア売上表」データベースで、フィールド名の「営業所」（セル D1）を選択
② [データ]タブの[並べ替えとフィルター]グループにある[昇順]ボタンをクリックすると（並べ替えは、[ホーム]タブの[編集]グループの[並べ替えとフィルター]ボタンからも行えます）、データが営業所の五十音順に並びます。

昇順とは数値データでは「小さいもの順」、アルファベットでは「abc順」、日本語では「五十音順」を意味し、**降順**はそれらの逆となります。

[練習問題8-1] 売上高の降順でソートしましょう。また、元の表に戻すにはどうすればよいか考えてみましょう。

ステップ3　条件に合ったデータを抽出しよう

Excelは特定の条件に合ったデータのみを抽出し、表示する機能を持っています。この機能を**オートフィルター**と言います。

例として、売上高が15万円以上のデータを抽出して表示してみましょう。

① リスト内のセルをどこでも構いませんので選択（こうしておかないと、以下の手順の中で警告ウィンドウが表示されます。万一警告が出たら、[OK]を押して警告ウィンドウを閉じてから、作業をやり直してください）。
② [データ]タブの[並べ替えとフィルター]から[フィルター]を選択すると、すべてのフィールド名に[ドロップダウンボタン]が表示されます。この時[フィルター]ボタンは選択（グレー表示）されたままです（次ページの図参照）。
③ [売上高]の[ドロップダウン]ボタンをクリックし[数値フィルター]を選び、[指定の値以上]を選択

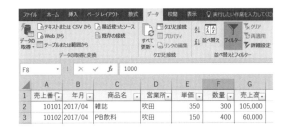

④ ［オートフィルターオプション］ダイアログボックスで，［売上高］のテキストボックスに「150000」を入力し，［OK］

表示を全ケースに戻すには［ドロップダウン］ボタンをクリックし，["売上高"からフィルターをクリア]を選択します。

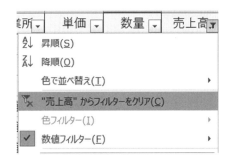

オートフィルターを終了する

　［データ］タブの［並べ替えとフィルター］の［フィルター］を選択します。［フィルター］ボタンのグレー表示が消え，［ドロップダウンボックス］が消えます。

［練習問題 8-2］ 営業所が「千里山」のレコードのみを表示してみましょう。

［練習問題 8-3］ 売上高が「200000」未満のレコードのみを表示してみましょう。

ステップ４　データを自動集計する

　商品別の売上数量と売上高の合計を求めたいとしましょう。これは**自動集計**機能を用いると簡単にできます。表示されているレコードの順に集計しますので，集計を行う前に合計したいものを項目ごとに集めておく必要があります。

① 商品名でデータを並べ替え（ソートを利用する）
② ［データ］タブの［アウトライン］から［小計］を選択
③ ［集計の設定］ダイアログボックスで，
　・［グループの基準］で集計の基準としたいフィールド名である「商品名」
　・［集計の方法］として［合計］
　・［集計するフィールド］で集計したい項目（ここでは［数量］と［売上高］）
　を選択
④ ［OK］をクリック
　関数が集計欄に自動的に入力され，集計結果が表示されます。ワークシートの左側にはアウトラインが作成されています。

自動集計の操作の流れ

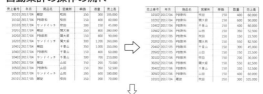

8.4 実践ステップの詳説

ステップ1　データを入力しよう

　データベースと言っても通常の表を作成していく要領でデータを入力するだけです。ただし，行単位で個体（人や企業，日時，製品等）のデータ（レコード）を，列単位で個体が持つ共通の性質（属性）を入力します。このスタイルをリスト形式と言います。また列の先頭にフィールド名（属性の名前）を入力しておきます。リストを作成する際，以下の事項に注意してください。

- ワークシート上には1つのリストしか作成できません。
- リストの大きさは，最大1万6384列，104万8576行まで作成できます。
- フィールドにはレコードが持つ共通の性質（属性）のデータを入力します。列方向に属性のデータを入力していないとデータベースとして認識されません。
- 1行に1件のデータを入力します。
- リスト内には，空白列や空白行を入れません。
- リストにはデータのみを入力します。手動で集計行などを挿入しないこと（自動集計の方法をステップ4で学びます）。
- リストの周囲にメモ等を書いてはいけません。
- 並べ替えや検索を正しく行うため，セル入力の際，次に気をつけましょう。
  - セルの中にはスペースを入れない。
  - セルの中では改行しない。
  - セル結合を行わない。
  - データの表記を揃える（同じ語を全角と半角，ひらがなとカタカナと漢字，算用数字と漢数字で表記すると，それぞれ異なるデータと見なされます）。

便利なキー操作

　データベースでは，通常，大量のデータ入力が必要です。また，できあがったリストもかなりの大きさになります。そのため，ステップ1に記したキー操作を覚えておくと便利です。さらに，

　　　［Ctrl］＋［Home］：シートの先頭へ移動
　　　［Ctrl］＋［End］：シート内の最後尾へ移動
　　　［PageUp］キー：表示画面の上への移動
　　　［PageDown］キー：表示画面の下への移動

なども便利です。なお，［Ctrl］＋［Home］は，［Ctrl］キーを押し下げた状態で［Home］キーを押すことを意味します。

列ごとに日本語入力をオン・オフする

レコードごとに入力していく場合，フィールドによって日本語入力が必要なものと必要でないものが混在するとき，日本語入力の切り替えを自動化するには次のように設定しておきます。

日本語入力をオフにしたい列を選択します。列を選択するには，列番号（アルファベット部分）をクリックします。同時に複数列を選択することもできます。離れた列を同時に選択する際には，[Ctrl]キーを押しながら行います。

［データ］タブの［データツール］から［データの入力規則］を選択します。ダイアログボックスが現れますので，［日本語入力］のタブで日本語入力を［コントロールなし］から［オフ（英語モード）］に変更し，［OK］をクリックします。次に，日本語入力をオンにする列を選択し，同様の操作により，日本語入力を［オン］に設定します。

これらの入力規則を定めても，手動で操作すれば日本語入力のオン・オフを切り替えることができます。ただし［無効］を選択しておくと，手動であっても日本語入力のオン・オフを切り替えることができなくなります。

誤って行方向にデータ（レコード）を入力した場合

そのままでは Excel にデータベースとして認識されません。行と列を入れ替えて直します。

入れ替えたいデータ範囲を選択してコピー操作を行い，コピー先を選択しておきます。［ホーム］タブの［クリップボード］の［貼り付け］から［形式を選択して貼り付け］を選び，ダイアログボックスで［行列を入れ替える］をチェックして［OK］をクリックします。

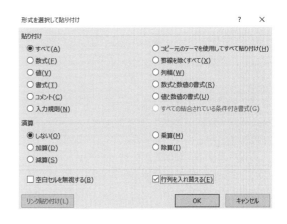

大きな表で，タイトル行を常に表示する

データベースが大きくなると1画面に表示しきれません。このとき，スクロールしていくと，データの項目名であるフィールド名が見えなくなってしまいます。このような場合，フィールド名を常に表示するように固定しておくと便利です。

固定したい行の下（または列の右）のセル（図8-1では B2）を選択し，［表示］タブの［ウィンドウ］から［ウィンドウ枠の固定］をクリックします。行も列も固定するか，行だけを固定するか，列だけを固定するかに応じてメニューを選択します。こうすると，スクロールしても，常にフィールド名が表示されるようになります。

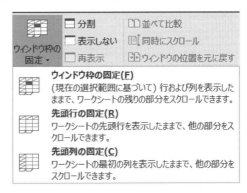

ただし，この操作では，ラベルとなる行や列が画面上で常に見えるだけです。印刷する際に，すべてのページにラベルが印刷されるようにするには別の操作が必要になります（8.5節で説明します）。

特定の列や行を隠す（折りたたむ）には

データとしてはおいておきたいけれど，画面に（常には）表示したくない列や印刷する必要のない列があるとしましょう。このような列を非表示にするには次のようにします。

非表示にしたい列を選択します。選択した列の（いずれかの）列番号にマウスのポインターを当て，右ボタンをクリックします。現れたメニューから，[非表示]を選択します。こうすると，列が非表示になり，この部分は印刷もされません。

再度表示するには，非表示にしている列を含む左右の列を選択し，列番号の領域で右ボタンをクリックし，メニューから[再表示]を選択します。

なお，行（レコード）に対しても同様の操作を行うことができます。

ステップ2　データを並べ替えてみよう

データを並べ替える（ソートする）

「駅前ストア2017年度第2四半期売上」データベースで，フィールド名の「営業所」（セルD1）を選択し，[データ]タブの[昇順]ボタン をクリックすると，データが営業所の五十音順に並びます。昇順とは数値データでは「小さいもの順」，アルファベットでは「abc順」，日本語では「五十音順（あいうえお順）」を意味し，降順はそれらの逆となります。

2つ以上の基準で並べ替える

2つ以上のキーを用いてソートすることもできます。[データ]タブの[並べ替えとフィルター]から[並べ替え]を選択します。最初に表示された[並べ替え]のダイアログボックスには[最優先されるキー]だけが表示されますが，[レベルの追加]をクリックすることで2番目や3番目に優先されるキーを必要なだけ設定することができます。[ドロップダウン]ボタン▼をクリックして表示される列見出しから選択します。ここでは，営業所を最優先して昇順に，売上高を2番目に優先して降順にソートしてみましょう。条件を設定後[OK]を押すと並べ替えが行われます。

ステップ3　条件に合ったデータを抽出しよう

[データ]タブの[並べ替えとフィルター]から[フィルター]を選択すると，すべてのフィールド名に[ドロップダウン]ボタン▼が表示されます。[数量]の欄の▼をクリックしてみると，次のようなウィンドウが表示されます。

たとえば[数値フィルター]の（すべて選択）のチェックをはずし「200」を選択すると，200個商品が売れたケースのみが抽出，表示されます（章末の表8-2参照，3例あります）。このとき，[数量]の▼だけ形が に変わっています。

また，[数値フィルター]からは，さまざまな条件でデータを抽出することができます。たとえば[トップテン]を選ぶと[トップテンオートフィルター]ダイアログボックスが現れますので，上位か

下位か，件数をいくらにするか，項目数で抽出するかパーセントで抽出するかを指定します。たとえば，数量の上位10項目を選ぶと次の表が表示されます。

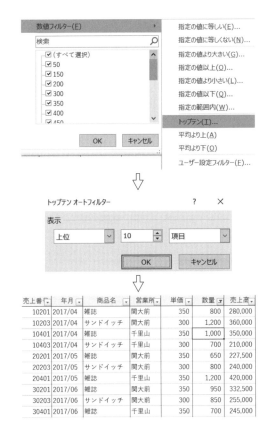

オートフィルターを終了する

［データ］タブの［並べ替えとフィルター］より［フィルター］をもう一度選択すると，［オートフィルター］を終了できます。

ステップ4　データを自動集計する

営業所ごとの売上高や商品ごとの売上数量を知りたいなど，ある項目ごとの集計を行いたい場合があります。自動集計という機能を用いると，表示されているレコードの順に集計することができます。しかし，この作業を行う前に，集計したいものを項目ごとにまず集めておく必要があります。これにはソートの機能を利用すればよいでしょう。

ステップ4では，商品ごとの売上数量と売上高を求めてみました。

① 商品名ごとにデータを並べ替え（フィールド名の「商品名」をクリック，［データ］タブの［並べ替えとフィルター］の［昇順］を選択）
② ［データ］タブの［アウトライン］から［小計］を選択
③ ［集計の設定］ダイアログボックスで，［グループの基準］では集計の基準としたいフィールド名を選択し（ここでは商品名を選択），［集計するフィールド］では集計したい項目を選択します（ここでは数量と売上高を選択）。［集計の方法］では合計以外に，データの個数，平均，最大値，最小値，積，数値の個数，標準偏差，分散などを選択することができます（ここでは合計を選択）。
④ ［OK］ボタンを押す

自動的に関数が集計欄に入力され，集計結果が表示されます。

ワークシートの左側にアウトラインが作成されます。アウトラインを利用すると，グループ（ここでは商品名）ごとに集計された行や列，詳細なデータの表示／非表示を簡単に切り替えることができます。

アウトライン最上段の`1``2``3`は，どの集計レベルのデータを表示するかを示しています。`3`の下を見ていくと，商品ごとに集計された行以外のすべての行に「・」マークがついていることがわかります。マウスで`3`をクリックしてみても何の変化もおきません。

`2`の列では，商品ごとに集計された行に`-`マークがついています。これはその集計行に対応する詳細データを非表示にすることを表しています。ためしに，`2`の列にある3つの`-`マークの2つめのもの（雑誌に関する集計行）をクリックすると，雑誌に関する個々のデータが隠れ集計行だけが表示されます。

また`2`をクリックしてみると，次の図のように，商品ごとに集計された行だけが残り，他の行は非表示になります。`+`マークは，その集計行に対応する詳細データを表示することを表していますので，これをクリックすることで，再度データを表示することも簡単にできます。

	A	B	C	D	E	F	G
1	売上番号	年月	商品名	営業所	単価	数量	売上高
14			PB飲料 集計			4,400	660,000
27			雑誌 集計			7,050	2,467,500
40			サンドイッチ 集計			7,100	2,130,000
41			総計			18,550	5,257,500

`1`は総計のみに対応していますので，クリックすると，

	A	B	C	D	E	F	G
1	売上番号	年月	商品名	営業所	単価	数量	売上高
41			総計			18,550	5,257,500

となります。

詳細データを非表示にした形で印刷すると，画面どおり，詳細データを除いた形で印刷することができます。しかし，詳細データを非表示にした形であっても，コピー操作を行うと，コピー先には非表示になっている行も同時にコピーされます。

[練習問題 8-4] 営業所別に売上高を集計（平均）してみましょう。

8.5 少し進んだ内容

8.5.1 特定の文字を検索・置換する

オートフィルターを用いずに，**検索**機能を利用してもたくさんのデータの中から該当するデータを探し出すことができます。また，**置換**機能を利用すれば，検索条件に一致するデータを1つ1つ確かめながら，あるいは一度にまとめて別の文字や記号，データに置き換えることができます。

検索・置換機能の利用のしかたは Word などと同じです。検索や置換を開始するセルを選択し，[ホーム] タブの [編集] [検索と選択] から [検索] または [置換] を選択します。**検索**の場合は，現われたダイアログボックスに検索したい文字列を入力し，[次を検索] ボタンを押します。ボタンを押すたびに，次の候補が順々に表示されていきます。検索を終了するときは [閉じる] ボタンを押してください。

検索のしかた

置換の場合は，現われたダイアログボックスに検索したい文字列と置換後の文字列を入力します。1つ1つ確かめながら置換する場合には，まずはじめに [次を検索] で1つめの候補を探します。置き換えてよければ [置換] を押すと，その文字列が置き換えられると同時に，次の候補が探し出されます。置き換えたくないときは，[次を検索] を押して次に移ります。

データの内容に自信があり，一度に置き換え作業を行ってよい場合には，[すべて置換] を押せば，まとめて置き換え作業が行われます。

置換作業を終了するときは，[閉じる] ボタンを押します。

[ページ設定] ダイアログボックスに選択した行が表示されています。[印刷] の [枠線] のチェックボックスをクリックし，[OK] をクリックします。

8.5.2 すべてのページに列見出し（列ラベル）を印刷する

大きなデータベースの場合，縮小印刷して1ページに入れたり（[ファイル] タブの [印刷] [設定] で縮小率を変更したり，余白を変更したりできます），すべてのページに見出し（フィールド名）が表示されるようにしたりすることができます。

すべてのページに列ラベルを印刷するには，[ページレイアウト] タブの [ページ設定] の [印刷タイトル] を選択し，現れた [ページ設定] で [シート] タブを選びます。[印刷タイトル] の [タイトル行] 右のボタンをクリックします。

8.5.3 ピボットテーブルを利用する

Excel のピボットテーブルの機能を利用すると，集計結果を表の形にまとめることができます。ここでは，営業所別かつ商品別の売上高の表（表8-1）を作成してみましょう。

表8-1　営業所および商品別売上高

合計 / 売上高	列ラベル			
行ラベル	PB飲料	サンドイッチ	雑誌	総計
関大前	255000	855000	840000	1950000
山田	135000	435000	297500	867500
吹田	112500	315000	315000	742500
千里山	157500	525000	1015000	1697500
総計	660000	2130000	2467500	5257500

① データベース内のセルのどこかを選択（どこでも構いません）
② [押入] タブの [テーブル] より [ピボットテーブル] を選択
③ [ピボットテーブルの作成] ウィンドウが表示されます。データ範囲が点滅していますので，確認します。ピボットテーブルレポートの配置先を [新規ワークシート] に指定し，[OK] ボタンを押します。

[ページ設定―タイトル行] ダイアログボックスが表示されますので，ワークシートで列見出しの行番号「1」をクリックします。列見出しの領域枠が点滅し，ダイアログボックスに選択した行が指定されます。再度右のボタンをクリックし，[ページ設定] ダイアログボックスに戻ります。

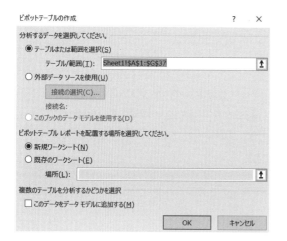
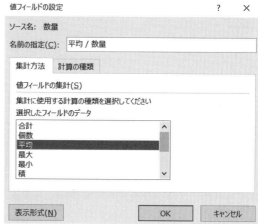

④ ［ピボットテーブルのフィールド］ウィンドウが表示されます。［行］に［営業所］をドラッグ，［列］に［商品名］をドラッグ，［値］に［売上高］をドラッグすると表 8-1 が完成します。

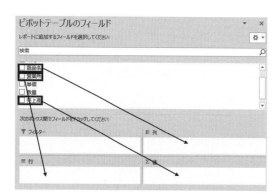

ピボットテーブルの項目を変更する

ピボットテーブル作成後，分類項目を変更したい場合は，作成した［ピボットテーブルのフィールド］リストの該当する項目名のチェックをはずし，新しい項目をチェックします。

また，［集計方法］を変更したい場合は，ピボットテーブル（表 8-1）の左上隅のセル（ここでは［合計 / 売上高］）で右クリックし，［値フィールドの設定］を選択，現れたウィンドウで集計の方法を変更します。次の図では「平均」に変更しています。

表 8-2 駅前ストアの 2017 年度第 2 四半期売上表

売上番号	年月	商品名	営業所	単価	数量	売上高
10101	2017/04	雑誌	吹田	350	300	105,000
10102	2017/04	PB飲料	吹田	150	400	60,000
10103	2017/04	サンドイッチ	吹田	300	150	45,000
10201	2017/04	雑誌	関大前	350	800	280,000
10202	2017/04	PB飲料	関大前	150	600	90,000
10203	2017/04	サンドイッチ	関大前	300	1,200	360,000
10401	2017/04	雑誌	千里山	350	1,000	350,000
10402	2017/04	PB飲料	千里山	150	400	60,000
10403	2017/04	サンドイッチ	千里山	300	700	210,000
10501	2017/04	雑誌	山田	350	200	70,000
10502	2017/04	PB飲料	山田	150	350	52,500
10503	2017/04	サンドイッチ	山田	300	600	180,000
20101	2017/05	雑誌	吹田	350	200	70,000
20102	2017/05	PB飲料	吹田	150	150	22,500
20103	2017/05	サンドイッチ	吹田	300	300	90,000
20201	2017/05	雑誌	関大前	350	650	227,500
20202	2017/05	PB飲料	関大前	150	550	82,500
20203	2017/05	サンドイッチ	関大前	300	800	240,000
20401	2017/05	雑誌	千里山	350	1,200	420,000
20402	2017/05	PB飲料	千里山	150	300	45,000
20403	2017/05	サンドイッチ	千里山	300	500	150,000
20501	2017/05	雑誌	山田	350	300	105,000
20502	2017/05	PB飲料	山田	150	150	22,500
20503	2017/05	サンドイッチ	山田	300	400	120,000
30101	2017/06	雑誌	吹田	350	400	140,000
30102	2017/06	PB飲料	吹田	150	200	30,000
30103	2017/06	サンドイッチ	吹田	300	600	180,000
30201	2017/06	雑誌	関大前	350	950	332,500
30202	2017/06	PB飲料	関大前	150	550	82,500
30203	2017/06	サンドイッチ	関大前	300	850	255,000
30401	2017/06	雑誌	千里山	350	700	245,000
30402	2017/06	PB飲料	千里山	150	350	52,500
30403	2017/06	サンドイッチ	千里山	300	550	165,000
30501	2017/06	雑誌	山田	350	350	122,500
30502	2017/06	PB飲料	山田	150	400	60,000
30503	2017/06	サンドイッチ	山田	300	450	135,000

第9章　ホームページを作ってみよう

この章では，すでに学んだワープロソフトウェア Word（ワード）でホームページを作成する手法について，
- ■ホームページとは
- ■Word でのホームページ作成
- ■ハイパーリンクの埋め込み
- ■フリー素材集の利用
- ■作成したホームページのブラウザーでの閲覧

について学びます。

9.1　ホームページとは

ホームページは，HTML（Hyper Text Markup Language）と呼ばれる一種のプログラミング言語のようなもので記述されたもので，テキストファイルとして保存されています。たとえば，Firefox であればメニュー［表示］から［ページのソース］，Internet Explorer であれば［表示］から［ソース］をそれぞれ選択すると表示されているページのソースコード（HTML 文書）が，テキストで表示されます。

図 9-1　「政府統計の総合窓口」のホームページ

図 9-2　ページのソースコード例

しかし，その内容はテキスト（文字・文章）だけでなく，静止画像（絵や写真），音楽，動画像などを同じプラットホームで扱うことができます。それらは，ファイル名として HTML 文書中に記述されます。HTML で書かれたファイルは，インターネット上にある WWW サーバー上に置かれ，それを WWW ブラウザーで参照します。また，WWW を使った情報の発信は，マルチメディアの1つのスタイルとして多くの注目を集めています。

前述のようにホームページは，HTML により記述するわけですが，最近はホームページ作成ツールにより，HTML を必ずしも知らなくても比較的容易に作成できるようになりました。作成ツールには，たとえばジャストシステム社のホームページ・ビルダーや Adobe Systems 社の Dreamweaver などがあります。ワープロソフトとしてすでに学習した Word にもそのような機能があります。もちろん，専用のホームページ作成ツールと比べると，機能は

劣りますが，Wordを用いれば，ワープロを扱っているのとほとんど同じ要領で，ホームページを作成することができます（文献〔2〕）。HTMLについては，文献［1］等を参照してください。

インターネット人口の急速な増大の背景には，WWW（World Wide Web）があることはいうまでもありません。WWWは，インターネット上の情報の収集において大きな役割がありますが，インターネット上への情報の発信という側面をも併せ持っています。この章では，Wordを使ってホームページを作成してみましょう。

9.2 実践問題
Wordでのホームページの作成

次のようなホームページを手順に従って，作成してみましょう。

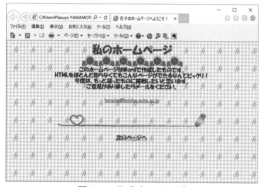

図9-3 作成するページ

9.3 実践ステップ

ステップ1 新規ページの作成

① ［Word 2016］を起動し，［白紙の文書］をダブルクリックします。

ステップ2 文章の入力

次のように文章を入力しましょう。文字サイズ，文字位置の調整などもワープロの設定と同様です。

① 1行目に，「私のホームページ」と入力します。
② 3行目に，「このホームページは…（中略）…メールをください。」と入力します。
③ 改行キーを押し，続けて，メールアドレス「hanako@keisho.suita.ac.jp」と入力します。
　＊電子メールアドレスを入力すると，自動的に，青色で下線が引かれます。これは，このアドレスに，ハイパーリンクが設定されたことを表しています。自動的に設定されないようにすることもできます。
④ 改行キーを押し，続けて，「次のページへ」と入力します。

図9-4 Wordでのテキスト入力

⑤ 「私のホームページ」をマークし，次のように操作します。
　［ホームタブ］のリボン内で，［フォント］を「HGP創英角ポップ体」，［フォント サイズ］を「24」，［フォントの色］を「青」をそれぞれ選択します。
⑥ 他の文字も見本を参照しながら同様に操作します。

第 9 章 ホームページを作ってみよう　97

図 9-5　Word での文字飾り

ステップ 3　背景の設定

(1) 背景を単色にする場合

① ［デザイン］タブの［ページの背景］で［ページの色］をクリックし，現れたパレットから適当な色を選択します。

(2) 背景をテクスチャにする場合

① ［デザイン］タブの［ページの背景］で［ページの色］を選択し，［塗りつぶし効果］をクリックすると，［塗りつぶし効果］ウィンドウが現れます。
② ［塗りつぶし効果］ウィンドウの［テクスチャ］タブをクリックし，適当なテクスチャを選択し，［OK］をクリックします。

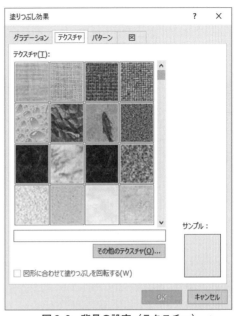

図 9-6　背景の設定（テクスチャ）

上記のような背景の設定により，たとえば次のようになります。

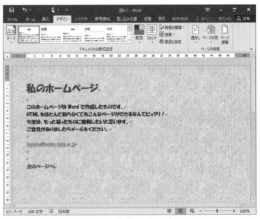

図 9-7　背景設定の表示

ステップ 4　ハイパーリンクの埋め込み

(1) メールアドレスの埋め込み

メールアドレスを書いた場合には，自動的にリンクが埋め込まれます。ここでは，どのように設定されているかを確認しておきましょう。

① メールアドレス部分にマウスポインターを重ね，右ボタンクリックすると，ポップアップメニューが表示されます。

図9-8　ハイパーリンクの設定

② 表示されたポップアップメニューから，[ハイパーリンクの編集]を選択すると，[ハイパーリンクの編集]ウィンドウが表示されます。

図9-9　ハイパーリンクの編集（メールアドレス）

（例）
記述したアドレス：hanako@keisho.suita.ac.jp
自動的に埋め込まれたリンク：mailto:hanako@keisho.suita.ac.jp

(2) URLアドレスの埋め込み

メールアドレスの埋め込みと同様に，ハイパーリンクの編集ウィンドウにおいて設定します。
① Word文書中の「次のページへ」をマークします。
② マーク上で右ボタンをクリックし，現れたポップアップメニュー中の，[ハイパーリンク]にポインターを選択すると，[ハイパーリンクの挿入]

ウィンドウが表示されます。
③ [リンク先]を[ファイル, Webページ]とし，[アドレス]を「2nd.htm」と入力し，[OK]をクリックします。

図9-10　ハイパーリンクの挿入（ファイル）

＊リンクを埋め込んだところの文字の色が変化し，下線が引かれていることを確認しましょう。

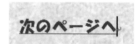

図9-11　文字へのハイパーリンク

④ 入力したすべてのテキストをマークし，センタリングを施します。

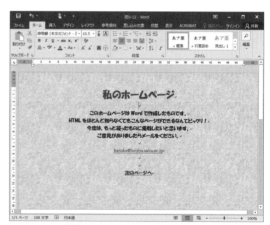

図9-12　テキスト部分の完成

ステップ5　画像の挿入

画像の挿入もExcelなどから図を貼り付けるのと同じです。
① タイトル「私のホームページ」の次の行にカー

ソルをおきます。

図 9-13　図挿入のためのカーソル

② ［挿入］タブから，リボン内の［図］で［画像］をクリックすると，［図の挿入］ダイアローグが開きます。

③ ［図の挿入］ダイアローグにおいて，挿入したいファイル名をクリックし，［挿入］をクリックします。

図 9-14　図の挿入

＊指定するファイルは，Word に用意されたものか，あらかじめ入手（準備）したものです。ホームページ作成で利用する画像は，GIF 形式か JPEG 形式のいずれかです。

[練習問題 9-1]　ステップ 5 の①～③を参考に，次のラインを挿入しましょう。

ステップ 6　HTML 文書の保存

ファイルの保存は，次のようにします。
① ［ファイル］から［名前を付けて保存］をクリックし保存場所を選択します。
② ［ファイル名］を「index.htm」，［ファイルの種類］を「Web ページ」とします。
③ ［保存］ボタンをクリックします。

＊このウィンドウ中の［タイトルの変更］ボタンをクリックすることにより，ステップ 7 と同様に，タイトルを修正（付与）することもできます。

図 9-15　HTML 文章の保存

ステップ 7　ページのタイトルを付ける

たとえば，統計局のホームページをブラウザでみると，タイトルバーにそのページのタイトルが表示されています。

図 9-16　統計局ホームページのタイトル

このページにも，適当な「タイトル」を付けて見ましょう。
① ［ファイル］から［情報］の［プロパティ］をクリックし，[詳細プロパティ］をクリックすると，［プロパティ］ダイアローグが開きます。
② ［タイトル］に「花子のホームページへようこそ！」と入力し，［OK］をクリックします。

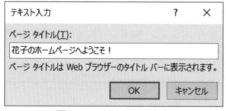

図9-17　タイトルの入力

＊ステップ6の②の後に，次の操作をし，③を行っても同様の処理ができます。

②-2　［名前を付けて保存］ダイアローグで，［タイトルの変更］をクリックすると，［テキスト入力］ダイアローグが開きます。

②-3　［ページタイトル］に「花子のホームページへようこそ！」と入力し，［OK］をクリックします。

図9-18　タイトルの入力

ステップ8　ページのプレビュー

ほぼ完成したと思ったら，実際に思ったとおりのページが表示されるかどうかチェックしておきましょう。

① Internet Explorerを起動します。
② ［ファイル］メニューから，［開く］を選択します。
③ ［ファイルを開く］ダイアローグで，［参照］をクリックしindex.htmを選択し［開く］をクリックします。

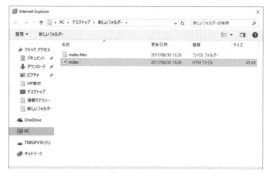

図9-19　Webブラウザーでファイルを開く

④ 修正が必要な場合には，Wordにタスクを移し，編集します。
⑤ 完成するまで，②～④を繰り返します。

ステップ9　編　　集

Wordで作成した文書を，一度［ファイルの種類］を「Webページ」として保存すると，拡張子htm（あるいはhtml）のファイルとなります。これをエクスプローラーなどから開く（ダブルクリックする）と，既定のWebブラウザーが起動し，ホームページとして開いてしまいます。

このようなファイルをWordで再編集するための方法を覚えておきましょう。

（1）Wordから開く方法

① Wordを起動します。
② 該当のファイルをクリックします。

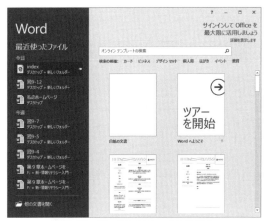

図 9-20　Word からファイルを開く

(2) エクスプローラーなどから開く方法

① エクスプローラーを起動します。
② 対象のファイルにマウスポインターを合わせ，右クリックをします。

図 9-21　エクスプローラーからファイルを開く(1)

③ ポップアップメニューの[プログラムから開く]にマウスポインターを合わせ，新たに表示されたポップアップメニューから[Word 2016]を選択します。

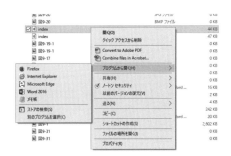

図 9-22　エクスプローラーからファイルを開く(2)

9.4　実践ステップの詳説

ステップ2　文章の入力

Wordによる文書の入力の詳細については，第4章，第5章等を参考にして下さい。

背景の設定

(1) Wordにより，あらかじめ用意された背景を用いる場合
[書式メニュー]→[背景]→[塗りつぶし効果]→[テクスチャ]
とし，適当な背景を選択後，[OK]をクリックする。

ステップ3　背景の設定

(1) 背景を単色にする場合

① [デザイン]タブの[ページの背景]で[ページの色]をクリックし，現れたパレットから適当な色を選択します。

(2) 背景をテクスチャにする場合

① [デザイン]タブの[ページの背景]で[ページの色]を選択し，[塗りつぶし効果]をクリックすると，[塗りつぶし効果]ウィンドウが現れます。
② [塗りつぶし効果]ウィンドウの[テクスチャ]タブをクリックし，適当なテクスチャを選択し，[OK]をクリックします。

(3) Wordにあらかじめ用意されたものではないものを背景とする場合

① [デザイン]タブの[ページの背景]で[ページの色]を選択し，[塗りつぶし効果]をクリックすると，[塗りつぶし効果]ウィンドウが現れます。
② [塗りつぶし効果]ウィンドウの[テクスチャ]タブをクリックし，[その他のテクスチャ]ボタンをクリックすると，「画像の挿入」ウィンドウが現れます。「ファイルから」の「参照」をクリッ

クすると，［テクスチャの選択］ダイアローグが表示されます。

③ あらかじめ用意した壁紙の素材から適当なものを選択し，［挿入］をクリックすると，［塗りつぶし効果］ウィンドウが現れます。

⑤ 指定した背景が表示されます。

図9-23　その他のテクスチャの利用(1)

④ ③で選択したテクスチャを選択し，［OK］をクリックします。

図9-25　その他のテクスチャの利用(3)

ステップ4　ハイパーリンクの埋め込み

(1) メールアドレスの埋め込み

　メールアドレスを書いた場合には，自動的にリンクが埋め込まれます。

　ハイパーリンクの内容を変更したり，メールアドレス以外の文字や絵などにハイパーリンクを埋め込む場合には，対象個所にマウスポインターを合わせた後，右ボタンをクリックします。現れたメニュー中の，［ハイパーリンク］にポインターを合わせ，ハイパーリンクの編集を選択します。

＊ハイパーリンクを埋め込む際に，ファイルの保存を求められるときがあります。
＊メールアドレスの埋め込みと同様に，ハイパーリンクの編集ウィンドウにおいて設定します。ただし，このときはURLアドレスだけでなく，カレントページからの相対的な（ファイルの）位置を指定することもできます（パス指定）。

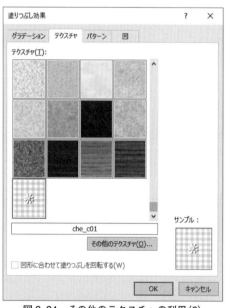

図9-24　その他のテクスチャの利用(2)

（入力例1）　http://www.keisho.suita.ac.jp/k123456/next.html
（入力例2）　next.html
（入力例3）　homepage/myprofile.html

ステップ6　HTML文書の保存とエンコード形式の設定

(1)　保存に関して

ファイルの保存で，ファイル名として「index.htm」と入力し，[保存]をクリックすると，「index.htm」というファイル名で保存されます。htmは，拡張子と呼ばれ，このファイルがHTML文書であることを表しています。

作成したホームページの1ページ目のファイル名は，index.htm（あるいは，index.html）としましょう。そうすることにより，入り口となるホームページとして指定したことになります。たとえば，ユーザーIDがk123456のユーザーの場合，URLアドレスとして，

　　http://www.suita.ac.jp/k123456/

を指定するだけで，

　　http://www.suita.ac.jp/k123456/index.htm

と同じページを閲覧できます。あなたが作成したホームページがどのようなURLで参照できるかについては，サーバーの管理者に尋ねてください。

＊このとき，拡張子をhtmにするか，htmlにするかは，Webサーバーの設定によるので，サーバーの管理者に問い合わせてください。拡張子としてhtmlを指定しなければならないときは，「HTML形式で保存」のウィンドウで，ファイル名として，homepage.htmlのように拡張子まで含めて指定してください。

2ページ目以降のページについては，自由につけても構いません。ただし，すべてのページのファイル名は，半角の英数字のみで記述したほうが問題が起こりにくくなります。

(2)　エンコード形式に関して

エンコード形式は，次のように設定できます。

① 保存の際，[名前を付けて保存]ウィンドウの[ツール]ボタンをクリックし，[Webオプション]をクリックします。

② [エンコード]タブから，[このドキュメントを保存する形式]で「日本語（シフト　JIS）」を選択します。

図9-26　エンコード形式の指定

9.5　少し進んだ内容：フリー素材集

ホームページは，自己表現の場であるので，少しでも多くの人に見てもらおうと思うと，見栄えの良いものになるようにしなければなりません。たとえば，背景や画像を使うだけで，かなり雰囲気も変わってきます。しかし，それらは容易には作成できません。そこで，ホームページ作成のための素材が，市販されていたり，フリーで（無償で）提供されたりしています。実際，前節で用いた素材は，すべてフリー素材としてインターネット上に置かれているものばかりです。

フリー素材は，基本的にはボランティアで公開されています。それらのほとんどは，無償ではありますが，版権は保持されています。したがって，それぞれの公開先での使用条件をよく読み，利用するようにしてください。そうしないと，無意識のうちに著作権を侵すことになってしまいます。当然のことながら，フリーと銘打ってないものは，無断で使用することはできません。

フリー素材集のある場所は，yahooなどの検索エンジンでキーワードとして，「フリー素材」，「素材」，「壁紙」，「背景」などを入力すれば簡単に探し出せるでしょう。たとえば，「ホームページ素材」で検索すると次のようになります。

図 9-27　ネットワーク上でフリー素材を探す

たとえば、このページから、
・バックグラウンド（背景）画像
・アイコン、ボタン、ライン画像
・アニメーション GIF 画像
・BGM、効果音
・HTML のガイド

などを扱うさまざまなホームページへジャンプすることができます。

ネットワーク上の画像等の保存方法を見ておきましょう。

① ここでは、「ふぁんし～・ぱ～つ・しょっぷ」（http://www.fancyparts.com/）のホームページを見てみましょう。

図 9-28　「ふぁんし～・ぱ～つ・しょっぷ」のホームページ

② 左側の「シンプル・デザイン定番 WEB 素材」から「ライン」をクリックすると、[ライン]を

コンテンツに持つページが表示されます。

図 9-29　素材の例

③ コンテンツの中から、「チカチカ水玉ライン-1」をクリックします。

④ 色違い・長さ違いのラインの中から適当なものにマウスポインターを合わせ、右ボタンクリックをし、表示されたポップアップメニューから、[名前を付けて画像を保存]を選択します。

図 9-30　ネットワーク上の素材を保存する(1)

⑤ 表示されたダイアローグで、保存場所、ファイル名などを指定してファイルを保存します。

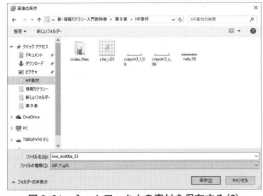

図 9-31　ネットワーク上の素材を保存する(2)

≪参考文献≫

[1]　谷田則幸「HTML 入門」経済情報処理論資料，1996 年
[2]　杜甫々「とほほの WWW 入門」
　　http://www.tohoho-web.com/www.htm（2017 年 8 月 31 日現在）
[3]　下野まみ「ふぁんし～・ぱーつ・しょっぷ」
　　http://www.fancyparts.com/（2017 年 8 月 31 日現在）
[4]　総務省統計局「総務省統計局ホームページ」
　　http://www.stat.go.jp/（2017 年 8 月 31 日現在）

第10章 プレゼンテーションソフトウェアを使ってみよう

この章では，プレゼンテーションソフトウェア PowerPoint について
■プレゼンテーションソフトウェアとは
■プレゼンテーション資料を作成するには
■保存するには
■さまざまな形で印刷するには
■プレゼンテーションをするには
について学びます。

10.1 プレゼンテーションソフトウェアとは

プレゼンテーションソフトウェアとは，プレゼンテーションを効率的に行う目的で，その説明資料を作成し，プレゼンテーションに利用するためのソフトウェアです。ここで，プレゼンテーション（プレゼンと省略することもある）とは，成果の報告をしたり，さまざまな提案を説明することを言います。その目的は，自分が伝えたいことを聞き手（相手）にきちんと伝え，理解（納得，評価）してもらうことにあります。そのためには，要領よく説明することはいうまでもありませんが，説明の際には資料があるほうが理解を助けるだろうし，その資料もコンパクトかつインパクトのあるもののほうが，その効果は大きいと言えるでしょう。プレゼンテーションは，研究（勉強）の成果発表にとどまらず，ビジネスの中でもさまざまな状況で必要なものとなっています。プレゼンテーションソフトウェアには2つの役割があり，1つは説明資料を作成すること，もう1つは，それを用いてプレゼンテーションを行うことです。この章では，プレゼンテーションソフトウェアの1つである PowerPoint の利用法を身につけましょう。

10.2 実践問題 10-1 プレゼンテーション資料の作成

PowerPoint を用いて，次に示すスライドを作成してみましょう。PowerPoint は「紙芝居」に似ており，PowerPoint のスライドの一枚一枚は紙芝居の紙に相当します。

10.3 実践ステップ 10-1

ステップ1　PowerPoint を起動しよう

［スタート］ボタンから［PowerPoint2016］を選択し，［新しいプレゼンテーション］をクリックします。

図 10-1　PowerPoint の初期画面

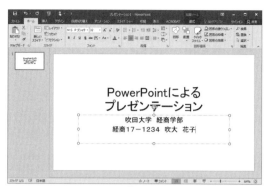

図 10-3　サブタイトルの入力

この初期画面で表示されているスライドを「タイトルスライド」と呼び，本で言えば表紙に相当します。

ステップ2　プレースホルダーへの入力をしよう

① 「タイトルを入力」と書かれているプレースホルダーをクリックすると，カーソルが表示されます。カーソルが表示されているときは，入力モードです。

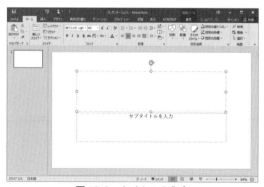

図 10-2　タイトルの入力

② 「PowerPoint によるプレゼンテーション」と入力します。
③ 文字のバランスを考え，「PowerPoint による」で一度改行しましょう。
④ ③と同様に，「サブタイトルを入力」と書かれているプレースホルダーをクリックし，「吹田大学　経商学部」と入力し，改行します。2 行目に，学籍番号と氏名を記入しましょう。

⑤ 入力モードから抜けるために，ホルダー以外のエリアをクリックし，入力モードから抜けます。

ステップ3　スライドの追加をしよう

次に，2 枚目のスライドを追加しましょう。PowerPoint のスライド作成では，新しいスライドが必要になるたびに，スライドの追加を行います。

① ［ホーム］リボンから［新しいスライド▼］ボタンをクリックし，［タイトルとコンテンツ］を選択します。

図 10-4　「タイトルとコンテンツ」のスライド

② 「タイトルを入力」と書かれたプレースホルダーをクリックし，「プレゼンテーションとは？」と入力します。
③ 「テキストを入力」と書かれたプレースホルダーをクリックし，「自分の主張（言いたいこと）を聞き手に伝えること」と入力し，［改行］キーを押すと，次の行にカーソルが移動します。

④ 同様に，「理解をより深めるために，資料を配布する」，「最近では，PCと液晶プロジェクターを利用することが増えてきた」と入力しましょう。

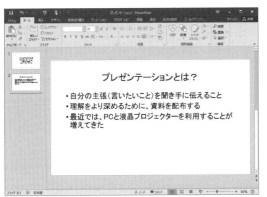

図 10-5　スライドに文字を入力する

ステップ 4　スライドのデザインを決めよう

ここまでに作成したスライドは，白地に黒い文字というシンプルなものでした。少し見栄えを良くし，インパクトを与えるための工夫をしてみましょう。

① ［デザイン］リボンで，表示されているさまざまなデザイン見本から適当なものを選択します。この際，マウスポインターを書くデザイン見本に合わせるとプレビューができます。たとえば，「ウィスプ」を選択すると次のようになります。

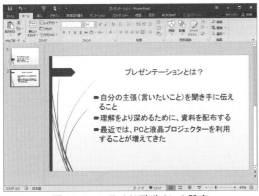

図 10-6　スライドデザインの設定

ステップ 5　図表を使って視覚に訴えよう

① ［ホーム］リボンから［新しいスライド▼］ボタンをクリックし，［2つのコンテンツ］を選択します。

図 10-7　「2つのコンテンツ」スライド

② 「タイトルを入力」と書かれたプレースホルダーをクリックし，「効果的なプレゼンテーションを行うには」と入力します。

③ 必要に応じて，②で入力したプレースホルダーやフォントのサイズ調整を行います。

④ 左側の「テキストを入力」と書かれたプレースホルダーをクリックし，次の2つを入力します。
　「後方からでもきちんと見えるように文字を大きくする」
　「写真やグラフなども利用して，視覚効果を狙う」

⑤ 右側のプレースホルダーの中にある「オンライン画像」をクリックすると，［画像の挿入］が表示される。

図 10-8　オンライン画像の利用

⑦ ［画像の挿入］で，［イメージ検索］ボックスに「プレゼンテーション」を入力し，［検索］ボタンをクリックすると，該当する画像が表示されます。

図 10-9　オンライン画像の検索

⑧　候補の中から適当なものを見つけ，それにマウスポインターを重ね，クリックし，[挿入]を選択する。スライド内に選択した画像が表示されるので，大きさや位置を調整します。

図 10-10　画像の挿入

ステップ 6　アニメーションを使おう（テキスト編）

PowerPointには，プレゼンテーション時の効果を狙って，さまざまなアニメーション機能があります。ここでは，テキストにアニメーション効果を持たせる例として，「文字のスライドイン」を設定してみましょう。

① ［スライドペイン］から2枚目のスライドを選択し，表示されたスライドの下側のプレースホルダーをクリックします（これで，編集モードになります）。

② アニメーションリボンを選択し，[アニメーションの追加]をクリックするとさまざまな効果が表示されます。

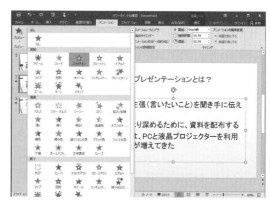

図 10-11　アニメーションの利用

③ 表示されたポップアップメニューに対し，[開始]，[スライドイン]を選択します。すると，下のような画面が表示され，テキストが下からスライドインする様子を見ることができます（プレビュー）。

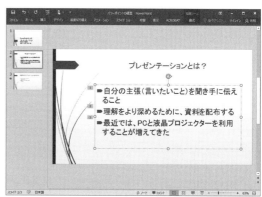

図 10-12　文字にアニメーションを設定する

＊スライド内の数字は，アニメーションの順番を表しており，[開始]のところで指定されたイベント（デフォルトは，クリック時）が起こったときにそれぞれのテキストがスライドインをして表示される。

＊アニメーションリボンで「アニメーションウィンドウ」をクリックすると，アニメーションウィンドウが表示されます。表示されたアニメーションウィンドウ内の各項目の▼をクリックし，「効果のオプション」を選択すると，「スライドイン（効果）」（図10-13）が表示され，スライド内のテキストが「下から」スライドインすることが確認できます。ここで，「右から」などに変更することもできます。また，スライドインのダイアローグ内のタブで「タイミング」や「テキストアニメーション」をクリックすることにより，図10-14や図10-15が表示され，それぞれ，開始のタイミングや表示の範囲などを指定することができます。

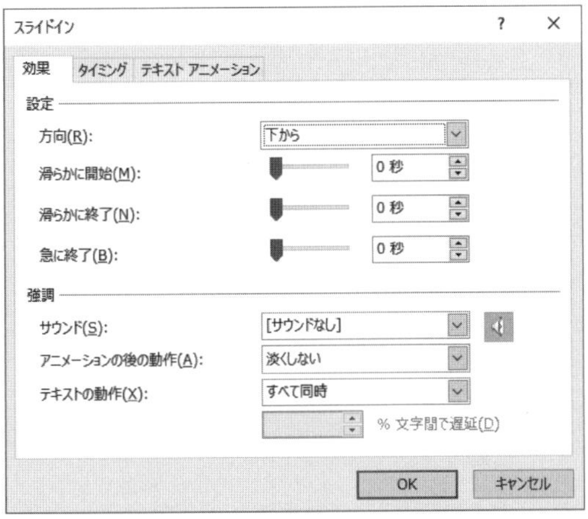

④ ［プレビュー］をクリックする，あるいは［アニメーションウインドウ］を開き［すべて再生］ボタンをクリックして，アニメーションの設定を確認しましょう。ただし，再生をするためには，対象をあらかじめ選択しておく必要があります。

ステップ7　アニメーションを使おう（図形編）

図形に対しても，テキストと同様にアニメーションを設定することができます。ここでは，画像にアニメーション効果を持たせる例として，「ズーム」などを設定してみましょう。

① ［スライドペイン］から3枚目のスライドを選択し，表示されたスライドの画像部分をクリックします。
② ［アニメーション］リボンを選択します。

図 10-16　図にアニメーションを設定する(1)

③ 表示リボンから［ズーム］を選択し，50％に設定し，画像をスライドの枠外に移動させます。

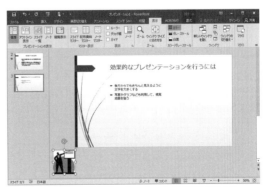

図 10-17　図にアニメーションを設定する(2)

図 10-13　スライドイン（効果）

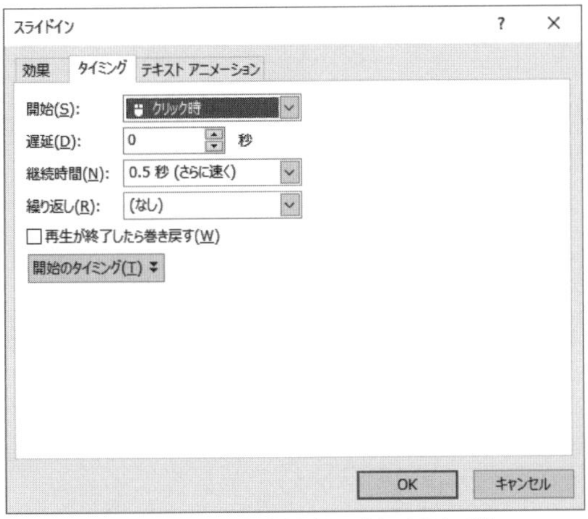

図 10-14　スライドイン（タイミング）

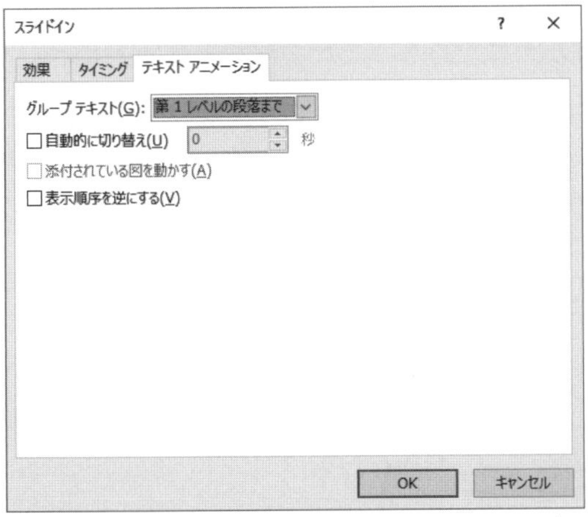

図 10-15　スライドイン（テキストアニメーション）

④ ［アニメーション］リボンの［アニメーションの追加］をクリックし，表示されたポップアップメニューを下にスクロールし，［アニメーションの軌跡］，［ユーザー設定］を選択します。

⑤ 十文字のカーソルになったら，最初に画像をクリックし，次にスライドの中央をクリックし，最後にスライド内の右側の位置をダブルクリックします。これで，軌跡が決定されたことになります。すると，下のような画面が表示され，画像がスライドの外から弧を描いてスライドの右側の位置に移動する様子を見ることができます（プレビュー）。

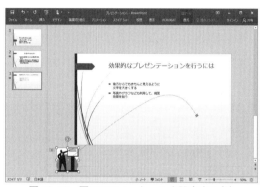

図 10-18　図にアニメーションを設定する（3）

⑥ ［アニメーション］リボンの［アニメーションの追加］ボタンをクリックし，表示されたポップアップメニューに対し，［強調］，［スピン］を選択します。

⑦ 「アニメーションの軌跡」と「スピン」効果の開始を，「直前の動作と同時」に設定します。

⑧ 最後に，［プレビュー］ボタンをクリックして，アニメーションの設定を確認しましょう。

ステップ 8　保存しよう

PowerPoint に限らず，コンピューターで作業をしているときはできるだけこまめにファイル保存をする習慣をつけましょう。コンピューターが途中でフリーズしたり，コンセントが抜けたりして，作業が無駄になることを防ぐためにも，必須です。オフィス共通の操作ですが，ここでも確認しておきましょう。

① 保存するメディア（USB メモリなど）を使用可能な状態にします。

② ［ファイルメニュー］をクリックし，「名前を付けて保存」を選択します。

③ ［名前を付けて保存］ウィンドウで，保存場所（フォルダー）とファイル名「パワーポイントの練習」を指定します。ファイルの種類が，「PowerPoint プレゼンテーション」になっていることを確認してください。

図 10-19　スライドの保存

④ ［保存］ボタンをクリックすると，保存が完了します。

＊②，③では，保存するファイルの種類として「PowerPoint プレゼンテーション」を選択しましたが，旧バージョンの PowerPoint との互換性を考慮して，「PowerPoint 97-2003 プレゼンテーション」とする場合もあります。

10.4　実践問題 10-2 プレゼンテーション資料を印刷しよう

これまでの作業で，PowerPoint でのプレゼンテーション資料は完成しました。次に，プレゼンテーション資料を配布するための印刷をしましょう。

10.5　実践ステップ 10-2

ステップ 9　印刷しよう

① まず，実際に印刷する前にプレビューをしましょう。［ファイルメニュー］をクリックし［印刷］を選択すると，右側にプレビューが表示されます。

図 10-20　印刷プレビュー（スライド）

② ページ送りをして，すべてのページを確認しましょう。
③ ［設定］で，［配布資料 3 スライド］を選択します。

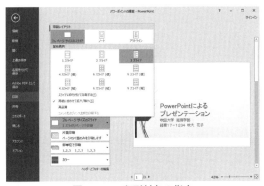

図 10-21　印刷対象の指定

④ 選択に対応するプレビューが表示されたら，［プリンター名］，［印刷範囲］などを指定して，最後に［印刷］をクリックします。

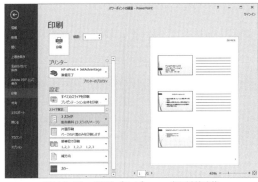

図 10-22　印刷プレビュー（配付資料）

10.6　実践問題 10-3　スライドショーを実行しよう

これまでの作業で，PowerPoint でのプレゼンテーション資料は完成し，配布資料の印刷も完了しました。最後の，そして一番大切な，プレゼンテーションが残っています。ここでは，プレゼンテーションの流れをチェックするために，スライドショーを実行してみましょう。実際のプレゼンテーションでは，PowerPoint のスライドショーを聞き手に示しながら，説明をしていきます。

10.7　実践ステップ 10-3

ステップ 10　スライドショーを実行しよう

① ［スライドショー］リボンから［最初から］を選択すると，全画面表示となり，スライドショーが開始されます。

図 10-23　スライドショー

② 画面上をクリック（スペースバー，カーソルキー（→あるいは↓）を押してもよい）すると，次のページに進みます。また，前のページに戻るためには，カーソルキー（←あるいは↑）を押します。
③ さらに，クリックを繰り返し，自分の意図していたとおりにスライドショーが遷移するかどうかを確認しましょう。
③ 何回かクリックすると，「スライドショーの最後です。クリックすると終了します。」というメッ

セージの黒い画面が表示されます。さらにクリックすると，スライドショーは終了し，元の画面に戻ります。

＊スライドショーを途中でやめる場合には，[ESC]キーを押すことにより終了させることができます。

10.8 実践ステップの詳説

ステップ１ PowerPointの初期画面

起動時に表示される初期画面について見ておきましょう。聞きなれない言葉もたくさんあるので覚えるようにしてください。

① クイックアクセスツールバー：[上書き保存]などのよく使われるコマンドが配置されています。必要に応じて，コマンドを追加することもできます。
② タイトルバー
③ タブ・リボン：[ファイル]，[ホーム]，[挿入]，[デザイン]，[アニメーション]，[スライドショー]，[校閲]，[表示]等のタブがあり，それぞれを選択することで開示されるリボンの中に多くのコマンドがアイコンやメニューの形式で配置されています。[新規]，[開く]，[名前を付けて保存]，[印刷]などの基本的な機能のコマンドが，[ファイル]の中にあります。
④ 「操作アシスト」をクリックし，実行したい作業に関するキーワードを入力することで，最適な機能を探せます（一般的なヘルプについては，画面右上に表示される「？」をクリック時に現れるヘルプウィンドウを利用することができる）。
⑤ スライドペイン・アウトラインペイン：それぞれに表示されているスライドをクリックすることにより，スライドペインにそのスライドを表示できます。
⑥ スライドペイン：スライドが表示されます。
⑦ ノートペイン：発表者のメモを記入することができます。
⑧ 表示ボタン：編集中のプレゼンテーション資料の表示方法を変更することができます。ボタンは，左から[標準]，[スライド一覧]，「閲覧表示」，「スライドショー」です。
⑨ ズームスライダー：編集中のスライドの表示倍率を変更することができます。

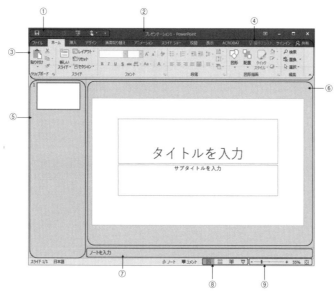

図10-24　PowerPointの初期画面

図 10-25　ヘルプウィンドウ

図 10-27　挿入できるさまざまなオブジェクト

ステップ3　ステップ4　ステップ5
テキストの入力とさまざまなオブジェクトの挿入

　スライドの中に，次のようなプレースホルダーが存在するときは，テキストだけでなく表，グラフ，クリップアートなどのさまざまなオブジェクトを挿入することができます。

ステップ6　ステップ7　アニメーションの設定

　アニメーションの設定を行うには，対象となるテキストや図などを選択したのち，［アニメーション］タブのリボン内の［アニメーション］のボタンをクリックすることにより表示されるリストから使用するアニメーションを選択します。

図 10-26　テキスト・オブジェクトのプレースホルダー

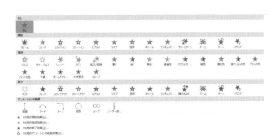

図 10-28　アニメーションの設定

テキストの入力

　クリックをすることにより，箇条書きでテキストを入力することができるようになります。

オブジェクトの挿入

　プレースホルダー内にあるそれぞれのアイコンをクリックすることで，「表」，「グラフ」，「SmartArt グラフィック」，「図」，「オンライン画像」，「ビデオ」を挿入することができます。
　また，これと同様の操作は，［挿入］タブから表示されるリボン内からも進めることができます。上記の 6 種以外にも，さまざまなものがあることを確認しておきましょう。

　アニメーションの開始，強調，終了，軌跡のそれぞれのその他の効果をさらに選択することもできます。

＊その他の効果の設定

① メニューから［その他の開始効果］を選択したとき

図 10-29　開始効果の追加

② メニューから［その他の強調効果］を選択したとき

図 10-30　強調効果の追加

③ メニューから［その他の終了効果］を選択したとき

図 10-31　終了効果の追加

④ メニューから［その他のアニメーションの軌跡効果］を選択したとき

図 10-32　アニメーションの軌跡効果の追加

ステップ 9　さまざまな印刷スタイル

① 配布資料（1 スライド）

② 配布資料（2 スライド）

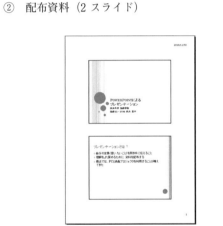

③ 配布資料（3 スライド）

④ 配布資料（4 スライド）

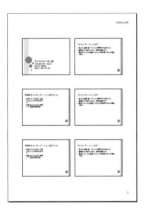

⑤ 配布資料（6 スライド）

⑥ 配布資料（9 スライド）

⑦　ノート

⑧　アウトライン

ステップ10　スライドショーの実行方法

スライドショーを実行するための方法

① ［スライドショー］タブで表示されるリボン内の［スライドショーの開始］から［最初から］を選択すると，1枚目のスライドから表示されます。

② ［スライドショー］タブで表示されるリボン内の［スライドショーの開始］から［現在のスライドから］を選択すると，選択しているスライドから表示されます。

③　画面の右下の［表示ボタン］の［スライドショー］をクリックすると，②と同様に，選択しているスライドから表示されます。

＊［表示ボタン］の［スライド一覧］を利用すると，すべてのスライドが表示されるので，全体の流れを見る場合などに有効です。

Appendix　レポートを作成してみよう

大学では，さまざまな場面で，レポートや論文を作成します。この本で学んだ知識を生かして，レポートを作成してみましょう。効率よくレポートを作成するためのWordの機能や，レポートを作成するうえで気をつけるべき点について紹介します。

■印刷レイアウト表示とアウトライン表示の切り替え
■適切な（文書の）スタイルセットの設定，登録
■図や表，グラフ，数式の挿入
■脚注の挿入
■参考文献の管理
■文献の引用
■ヘッダー，フッターの挿入（ページ番号の挿入）
■文字数を数えるには
■表紙の作成

A.1　レポートを作成してみよう

　第5章で学んだように，Wordはさまざまな機能を持ったワープロソフトです。文字ばかりでなく，エクセルで作成した表や他のアプリケーションで作成した図を自由にレイアウトすることもできます。数式を簡単に入力したり，Smart Artを用いて複雑な図形を描いたりすることもできます。この付録では，レポートや論文を作成する際に便利なワードの機能や，他のアプリケーションでの結果との関連付けを学んでいきます。また，レポートや論文を作成していくときに必要な基礎知識についても学びます。
　例として，「少子化」についてのレポート作成を考えます。

ステップ1　アウトライン表示でレポートの構成を考える

　本文を書き始める前に，まず，レポートの大きな流れ，章や節の構成を決めておきます。この時に便利なのが，文書の階層的な構造を示す［アウトライン］表示です。［表示］タブの［表示］［アウトライン］をクリックして，［アウトライン］表示に切り替えます。
　画面左上に［レベル1］と表示されています。今から作成する文章の最も上位（大きなくくりの）項目を入力する状態です。レポートの節の見出しを1つずつ入力していきます。入力内容を確定し，［Enter］キーを押すと，次の項目が入力できる状態になります。下の図は，すべての節見出しを入力したところです。

　次に，それぞれの節に書く内容を簡潔に考え，入力していきましょう。
　たとえば第1節にあたる「はじめに」に書きたいことを入力するには，「はじめに」と入力した行末にカーソルを置き［Enter］を押す→現れた空行に「この問題を取り上げる理由」と入力，確定する→

レベルボタン右の▼をクリックし［レベル2］を選択する，または，レベルボタン右の→を押す．これらの作業を繰り返し，各項の内容をレベル2として記入していきます．レベル2に項目が入ると，対応するレベル1の項目の行頭は ⊖ から ⊕ に変わることを確認してください．

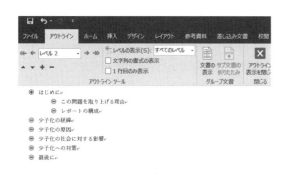

同様の手順で，「少子化の経緯」の項目のより詳細な説明を，下の図にあるように，レベル2，そしてレベル3として追加します．

アウトライン表示では，通常の文章（説明文）を「本文」として記入することも可能です（［レベル］で「本文」を選択．下図のように行頭は ◦ となる）．ただ，本文があると，ステップ2で説明する番号見出しの作業が煩雑になります．まずは見出しのみを作成し，番号を振った後で本文を書く方が作業としては楽でしょう．

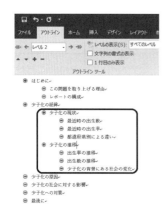

次に，「少子化の原因」部分の構成を考えます．まずは少子化の原因として考えられる事柄を列挙しましょう．

少子化の原因として考えられるものが揃ったら，必要に応じて順番を入れ替え，レベルを変更し，項目ごとにその内容を書き加えます．場合によっては，項目の追加，消去，修正を行います．表やグラフによる補足も考えてみましょう．

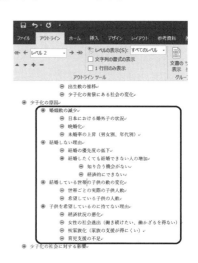

同様に，「少子化の社会に対する影響」，「少子化への対策」の構成も考えます．さまざまな角度から少子化の及ぼす影響を考え，メリット（良い影響），デメリット（悪い影響）に分けて項目を列挙しましょう．また，少子化への対策として，どのような方法があるのか考えます．理論的に考えられる対策だけでなく，これまで各地，各国で行われてきた具体的な施策で効果のあったものを紹介することで，より具体的なイメージの伴う説明を行うといいでしょう．本文作成の際には，丹念に資料を調べましょう．

項目が増えて煩雑になったら，アウトラインを折りたたむことができます．その下にあるレベルを折りたたみたい見出しにカーソルを移動し，［アウトライン］の［折りたたみ］ボタン ▬ をクリックします．カーソルを置いた見出しより下の見出しが折りたたまれます．カーソルを置いた見出しにはアンダーラインが表示され，下の項目が折りたたまれていることがわかります．逆に折りたたんだ項目を表示したいときは，アンダーラインが表示された項目にカーソルを置き，［アウトライン］の［展開］ボタン ✚ をクリックします．

レポートの構成が決まったら，この文書を適切な名前を付けて保存し，いつでも参照できるようにしておきましょう．

ステップ2　印刷レイアウト表示で文書を作成する

保存した文書を，[印刷レイアウト]で表示しましょう。

①保存していたファイルを開いたとき，②アウトライン表示で[アウトライン表示を閉じる]をクリックしたとき，または③[表示]タブ[表示]で[印刷レイアウト]を選択したとき，文書は[印刷レイアウト]表示されます。

作成した見出しにアウトラインスタイルを適用して，通し番号を付けましょう。文書全体を選択し，[ホーム]タブ[段落]の「アウトライン」ボタンをクリックします。「リスト」のウィンドウが表示されますので，「リストライブラリ」からアウトライン番号のスタイルを選択すると，スタイルに応じ，見出しに番号が振られます。

本文が混在しているときなど何らかの理由でうまく番号が振れなかったときは，変更したい見出しの番号部分を右クリックし，「番号の設定」を選択し，修正を行います。

ここでは，第2節第1項の少子化の現状に，2.1ではなく（第1節から続けてカウントしてしまい）1.3と番号が振られてしまったときの修正を説明します。現れた「番号の設定」ダイアログボックスで（前に第1節がありますから）「前のリストから継続する」のラジオボタンと「値の繰り上げ（番号の削除）」をチェックします。すると「開始番号」の表示がその項目のレベルの深さに対応し，開始番号を入力できるようになります。ここでは2.1と入力したいので，それぞれ設定を行います（すぐ下のプレビューに2.1と表示されます）。[OK]をクリックすると見出し番号が修正されます。修正したい箇所について，同様の作業を続けます。

レポートでは不要でしょうが，論文を執筆する場合，目次を作成したい場合があります。アウトライン番号を完成した後，文書の目次を作成したい箇所にカーソルを置き，[参考資料]タブ[目次]で「目次」を選択し，好みの仕様を選択すると，目次が作成されます。

A.2　レポートを作成する際に知っていると便利なこと，注意すべきこと

この節では，レポートを作成する際に知っていると便利なWordの使い方，他のアプリケーションとの関連付けについて簡単に説明していきます。また，参考文献の引用のしかたなど，注意すべきことについても触れます。

本文の段落スタイルを変更・登録するには

通常，レポートではページ全体を用い，標準の書式で本文を書いていきます。勝手な改行や空行の挿入を行ってはなりません。また，段落の頭には，全角1文字分のスペースを入れます。

本文のスタイルを（Wordが準備している以外に）独自で設定したい場合には，フォントや段落の書式設定を好みの形に行い，その設定を登録することができます。

スタイルを変更したい本文の段落を選択してから，［ホーム］タブでフォントの種類や大きさを指定し，ルーラーの一行目インデントの位置を変更します（ルーラーが見えていないときは，［表示］タブの［表示］で［ルーラー］にチェックを入れます）。

設定が終了したら，設定完了部分を選択した状態で，［スタイル］のダイアログボックスランチャーをクリックし，［スタイルの作成］を選択します。覚えやすい名前（たとえば箇条書き，引用，等）を付け，［OK］をクリックします。登録したスタイルを用いれば，同様の変更を他の段落に簡単に適用することができます。

図や表，数式を挿入するには

ワードでは，任意の場所に，図や表，数式を挿入することができます。

図については，他のアプリケーションで作成されたものも利用できます。Wordの挿入箇所を選び，図をコピーし貼り付け作業を行うだけです。Wordの中に準備されている（［挿入］タブの［図］グループにまとめられている）［図形］や［SmartArt］も利用できます。挿入したい図を選び，クリックするだけで，Wordの指定箇所に読み込むことができます（［図形］の場合は，マウスで挿入箇所を具体的に指定することにより，図形の大きさを決めながら図形を挿入します）。

表やグラフについては，Wordの中で作成することもできますが，より高度な機能が使えることや後々の編集のしやすさから，データをExcelで作業し，作成した表や図をコピーし，Wordに貼り付けるようにしましょう。なお，表を貼り付ける際は，必ず，貼り付け直後に表の右下に現れる［貼り付けのオプション］をクリックし，［図として貼り付け］を選択します。この操作を行うと，大きな表でも分割されることがなく，レイアウトを簡単に行うことができます。

「図として貼り付け」た場合，Excelで数値や計算を変更しても，その内容は貼り付けた先には反映されません。しかし，リンク貼り付けを行うと，作成ファイルでの変更を貼り付け先に反映させることができます。

リンク貼り付けを行うには，Excelでコピーし Wordに貼り付ける際，［貼り付け］ボタンで「形式を選択して貼り付け」を選択します。［形式を選択して貼り付け］ウィンドウで［リンク貼り付け］をチェックし（自動的に［貼り付け］のチェックがはずれます），［貼り付ける形式］で表の場合は「Microsoft Excel ワークシート オブジェクト」を，グラフの場合は「Microsoft Excel グラフ オブジェクト」を選択し，［OK］を押します。

元のExcelファイルを変更したとき，貼り付け先のWordファイルも開いていたら，自動的に変更内容が反映されます。別の機会に貼り付け先ファイル

を開いたときは，Wordで貼り付けた内容を右クリックして「リンク先の更新」を選択すると，変更内容が反映されます。

レポートや論文の中に数式を挿入したいときは，[挿入] タブの [記号と特殊文字] [数式] をクリックします（[数式] がグレー表示で選択できないときは，すぐ左にある [オブジェクト] から [オブジェクト] を選び，[オブジェクトの挿入] ウィンドウで [Microsoft 数式 3.0] を選択します）。キーボードからアルファベットや数字，数式ウィンドウから数学記号や特殊文字を選んで，数式を入力していきます。

脚注を挿入するには

文書によっては，脚注として補足的な説明を挿入したいことがあります。脚注を挿入する場所にカーソルを置き，[参考資料] タブの [脚注] [脚注の挿入] を選びます。カーソルがあった位置に番号が上付きで挿入され，同じページの下部にカーソル（入力位置）が移動し，脚注を入力できる状態になります。脚注のスタイル（フォントやその大きさなど）は自動的に設定されますが，自分で変更することも可能です。また，脚注の文章を後ほど編集することもできます。本文中の上付きで挿入された番号を消去すれば，脚注も消去されます。なお，それぞれのページに注を掲載するのでなく文書の最後に注をまとめて掲載したい場合には，注を挿入する場所を選び，[参考資料] タブの [脚注] [文末脚注の挿入] を選びます。後の作業は，通常の脚注の場合と同じです。

参考文献を管理するには

レポート等で活用する文献リストを日頃から一括管理し，必要に応じてそのリストから引き出し，レポートの参考文献リストを作成できます。まず，[参考資料] タブの [引用文献と文献目録] [資料文献の管理] を選択します。

すると，以下のようなウィンドウが開きます。左側のマスターリストにはこれまでに登録した文献のリストが表示され，右側には現在編集中の文書で参照される文献リストが表示されます。新しい文献を登録するには [作成] をクリックし，現れた [資料文献の作成] ウィンドウに必要な情報を記入して登録を行います。すでに登録した文献について修正したい場合には [編集] を行います。

文献を管理しておくと，レポートや論文の文中でその書籍・論文名を引用したいとき，また参考文献リストを作成したい場合，便利です。文献名を引用するには，挿入したい位置にカーソルを置き，[参考資料] [引用文献と文献目録] [引用文献の挿入] をクリックし，現れたリストの中から目的の文献をクリックすればよいでしょう（この場合，文中に [北川幸義, 2000] と文献名が挿入されます）。

レポートや論文で文献を参考にしたり，引用したりした場合には，それが書籍や雑誌であっても，webページであっても，必ず，参考文献として掲載しなければなりません。Wordでは，文献管理している書籍や雑誌について，［参考資料］［引用文献と文献目録］［文献目録］の操作から，簡単に参考文献リストを作成することができます。ただし，参考文献の表記のしかたには（学問分野に応じた）ルールがあります。どのようなルールがあるか事前に調べたうえで，Wordの作成する参考文献リストを活用しましょう。たとえば，経済学や商学をはじめとする社会科学系の参考文献の表記法については，こちら（http://esku.org/wp-content/uploads/2017/04/bunkenshimeshipdf.pdf）に詳しい説明があります。参考にしてください。

ところで，レポートや論文を作成する際には必ず何らかの文献や資料を参照しますが，その際には適切な引用，参照のしかたをしなければなりません。近年，引用者が意図したかどうかは別として，剽窃あるいは盗用と判断せざるを得ないような参照のしかたが増えています。たとえば，参考文献に元ネタになった文献を挙げさえすればどんな引用でも許されるわけではありません。出典を示すことはもちろんですが，文書のどの部分が，誰の，どの本の，どこを参考にしたのかが明確にわかるようにしなくてはなりません。また，どのような文献でも引用していいわけではありません。信頼性のない文献の参照は避けるべきです。さらに，本文の参照だけでなく，利用したデータや図などもその出所を明確に書くべきです。利用した文献自身が引用を行っている場合は，その文献だけでなく，もとになる文献名も明記しなくてはなりません。このように，さまざまなルール，すべき事柄があります。

言うまでもなく，剽窃は犯罪です。学生のみならず社会人になっても許されることではありません。一度，きちんと，剽窃がなぜどのようにいけないことなのか，どのようなことが剽窃とみなされるのか，どのように引用すべきかについて，知っておきましょう。こちら（http://esku.org/wp-content/uploads/2017/04/hyosetsupdf.pdf）に詳しい説明がありますので参考にしてください。

ヘッダーやフッターを利用するには

文書の余白，上部部分（ヘッダー）や下部部分（フッター）にさまざまな情報を入れることもできます。［挿入］タブの［ヘッダーとフッター］から［ヘッダー］あるいは［フッター］を選び，適切なスタイルを選びます。なお，最もよく利用する［ページ番号］については独立したボタンが設定されていますので，選択し，挿入する位置を指定します。

ページ番号に関する詳細な書式の設定は［ページ番号の書式設定］で行うことができます。たとえば，下の「ページ番号の書式」では，開始番号を0としています。このとき1ページ目にはページ番号が付かず，2ページ目からページ番号が始まります。表紙にページ番号を付けたくない時に利用すると便利です。

ページ番号を挿入し，その番号を選択すると，［ヘッダー / フッター ツール］の［デザイン］リボンが表示されます。「奇数 / 偶数ページ別指定」などのより詳細な設定を行うことができます。

文字数を数えるには

作成する文章に字数の制限があるケースもあります。そのようなときは，字数を数えたい文章を選択し，［校閲］タブ［文章校正］の［文字数カウント］をクリックすれば，字数に関わるさまざまな情報が得られます。なお，［校閲］タブには［文字数カウント］以外にも，［スペルチェックと文章校正］など，よりよい文章を作成する手助けになる機能が集められています。

表紙を作成するには

課題として作成するレポートや論文ではあまり利用しないでしょうが，Wordでは文書の表紙も準備されています。［挿入］タブの［表紙］から適切なスタイルを選択し，必要事項（日付やタイトルなど）を設定します。

【和文索引】

〔あ行〕

アーカイバ……………………41
IME パッド……………… 47, 55
アイコン……………………4, 8
アウトライン…………………91
　──の展開……………… 120
　──を折りたたむ……… 120
アウトラインスタイル…… 121
アウトライン表示…… 48, 119, 120
アカウント（ユーザー名）ボタン
　…………………………………9
アクティブ……………………8
アクティブセル………………64
アクロバット…………………40
アドレス………………………34
アニメーション…………… 110
アプリケーション………10, 12
　──の起動……………………9

イーガブ………………………40
e メールアドレス……………19
印刷………… 10, 15, 49, 63, 70
印刷プレビュー…………15, 49
印刷レイアウト表示……48, 121
インターネット………………19
インターネット・サービス・プロバ
　イダー……………………30
インターネットエクスプローラ
　………………………………33
インデント機能………………54

ウィルス検知ソフト…………31
ウィンドウ……………………4
Windows アクセサリ…………9
Windows キー………………4, 7
上書き保存………… 10, 14, 50

エクスプローラー…………4, 11
Excel 形式……………………74
［Esc］（エスケープ）キー……7
エディター………………41, 45
エンコード形式…………… 103
［Enter］（エンター）キー……7

オート SUM…………… 61, 68
オートコレクト機能…………46
オートフィル…………………65
オートフィルター…… 85-87, 91

オープンデータ………………42
お気に入り……………………34
Office365 メール………………20
［Alt］（オルト）キー…………7
折れ線グラフ…………………75

〔か行〕

カーソル………………………6
拡張子…………………………12
環境依存文字…………………11
環境設定………………………46
関数……………………………68

キー……………………………86
キーボード……………………6
記号と特殊文字………………55
機種依存文字…………………11
起動（する）……………… 3, 45
脚注の挿入………………… 123
行番号…………………………60
行を折りたたむ………………90
切り取り………………………50

クイックアクセスツールバー
　………………… 46, 50, 53
グラフスタイル…………76, 79
グラフツール…………………81
グラフの種類…………… 79, 80
グラフ要素……………………76
クリック……………………4, 6
クリップボード…………47, 50
グループ………………………91

形式を選択して貼り付け… 122
罫線………………………62, 69
桁区切り………………………67
検索………………………50, 92
検索エンジン…………………35

降順………………………86, 90
校正……………………………50
コピー…………………………50
コマンド操作…………………13
［Ctrl］（コントロール）キー……7
コンピューターウィルス……31

〔さ行〕

再起動…………………………5
［最小化］ボタン………………8

サイズ変更ハンドル…………78
［最大化］ボタン………………9
サインアウト…………………5
サインイン……………………3
削除……………………………66
作表機能………………………54
サムネイル……………………8
参考文献の管理…………… 123
参考文献の表記…………… 124
参考文献リストの作成…… 123

シート…………………………64
シート見出し…………………64
シェアウェア…………………30
CSV ファイル…………………74
軸ラベル………………………77
［Shift］（シフト）キー………7
自動集計………………85, 87, 91
シャットダウン………………4
終了……………………………71
昇順………………………86, 90
ショートカットキー…………13
書式設定……………………67, 72
書式のコピー／貼り付け……56
署名……………………………28

数式の挿入…………… 122, 123
数値フィルター………………90
ズームスライダー……………46
スクロールバー………………9
［スタート］ボタン…………8, 9
スタートメニュー…………9, 45
図として貼り付け………… 122
図の挿入…………………… 122
スパムメール…………………31
スペースバー…………………7
スペルチェック………………51
スライド…………………… 109
スライドイン……………… 110
スライドペイン…………… 110
スリープ………………………4

絶対参照…………………68, 69
設定ボタン……………………9
セル……………………………60
　──の結合……………………57
　──の分割……………………57
セル参照………………………68
セル内の文字の位置設定……57

セル幅と高さの設定……………57
セル番地……………………………60
［全角／半角］キー………………7
センタリング……………………61

操作の終了…………………………4
操作の取り消し…………………66
相対参照…………………………68
挿入……………63, 66, 71, 122-124
ソート………………………85, 86, 90

〔た行〕

タイトル行を常に表示…………89
タスクバー…………………4, 8, 45
立ち上げる…………………………3
タッチタイピング…………………7
［Tab］（タブ）キー………………7
ダブルクリック……………………6
段落…………………………………54
段落スタイル……………………121
段落設定…………………………55

チェーンメール…………………31
置換…………………………50, 92
中央揃え…………………………54, 61
抽出…………………………………90

通知領域……………………………8

ディスプレイ………………………5
データ系列………………………78
データの管理……………………85
データベース……………………85
データラベル……………………82
デスクトップ型……………………3
デスクトップ画面…………………4
テド…………………………………43
デバイス…………………………15
［Delete］（デリート）キー………7
テンキー……………………………6
電源ボタン………………………4, 9
電子メール………………………19
電子メールアドレス……………19

通し番号…………………………121
閉じる………………………………4, 49
［閉じる］ボタン…………………9
ドメイン名………………………19
ドライブ…………………………15
ドライブ名………………………15
ドラッグ…………………………4, 6

〔な行〕

名前を付けて保存………10, 14, 48

日本語入力…………………9, 16
―の切り替えを自動化………89

ネチケット…………………………30

ノート型……………………………3

〔は行〕

ハードディスク……………………5
背景色……………………………81
ハイパーテキスト…………………34
パスワード…………………………3
［Back Space］（バックスペース）
キー………………………………7
貼り付け………………………47, 50
―のオプション………………47
ハングアップ………………………5
番号見出し………………………120
凡例……………………77, 79, 81

引数………………………………68
左揃え……………………………54
ピボットテーブル……………93, 94
描画キャンバス…………………58
表作成……………………………57
表の印刷…………………………63
表の挿入…………………………122
表示桁……………………………69
表紙の作成………………………125
ピン留めする……………………45

ファイル………………………11, 12
ファイル拡張子…………………40
ファイル形式……………………73
ファイルの保存…………………63
ファンクションキー………………7
フィールド………………………85
フィールド名……………………85, 88
フィルハンドル……………………61, 65
フォルダー……………………11, 12
フォントの変更…………………55
複数行に表示……………………67
ブック……………………………60, 64
フッター…………………………124
ブラウザ…………………………33
フリーズ……………………………5, 6
プリンター…………………………5
プレースホルダー………………108

プレゼンテーション……………107
プレゼンテーションソフトウェア
……………………………………107
文章校正…………………………51
文末脚注の挿入…………………123

ペイント……………………………9
ページ設定………………………48
ページ番号の挿入………………124
ページレイアウト………………48
ヘッダー………………………56, 124
ヘルプ……………………………14
編集記号の表示…………………46

ポインター………………………4, 60
ポイント……………………………6
ポータル…………………………42
ホームポジション………………7, 8
保存………………10, 14, 48, 63, 70

〔ま行〕

マーカー…………………………82
Microsoft Excel グラフオブジェクト
……………………………………122
Microsoft Excel ワークシートオブ
ジェクト…………………………122
マウス……………………………4, 60
マウスポインター…………………6

右揃え……………………………54
右ボタンをクリック………………6
見出し……………………………121

メールアドレス…………………19
メール爆弾………………………31
メニューウィンドウ……………46
メニューボタン……………………9
メモ帳……………………………9, 45
目盛り……………………………81
メモリ……………………………5

目次の作成………………………121
文字一覧…………………………55
文字サイズ………………………62
文字数を数える…………………125
文字配置…………………………67
文字化け…………………………11
元に戻す…………………………66
戻り値……………………………68

〔や行〕

USB メモリ………………4, 5, 48, 49

ユーザー名 …………………… 3	リンク ………………………… 34	列ラベル ……………………… 93
用紙サイズ …………………… 56	リンク先の更新 ……………… 123	列を折りたたむ ……………… 90
余白の設定 …………………… 56	リンク貼り付け ……………… 122	レベル ………………… 119, 120
		レポジトリ …………………… 42
〔ら行〕	ルーラー ………………… 46, 54	
リスト …………………… 85, 88	レコード ………………… 85, 88	〔わ行〕
リスト形式 …………………… 88	列の挿入 ……………………… 63	ワーキングペーパー ………… 40
リストライブラリ …………… 121	列幅 …………………………… 67	ワークシート ………………… 60
リセット ……………………… 5	列番号 ………………………… 60	ワードパッド ………………… 45
リボン ………………………… 46	列見出し ……………………… 93	ワクチンプログラム ………… 31

【欧文索引】

CPU …………………………… 5	IE ……………………………… 33	Signature …………………… 28
CSV …………………………… 73	Internet Explorer …………… 33	SmartArt ………………… 58, 119
DATA GO JP ………………… 39	JPNIC ………………………… 20	StatLib ……………………… 42
e-Stat ………………………… 39	JPRS ………………………… 20	SUM ………………………… 68
Excel ………………………… 59	MS-IME ……………………… 16	TED ………………………… 43
Google ……………………… 36	OS …………………………… 10	URL ………………………… 34
HTML …………………… 34, 95	PDF …………………………… 40	Word ………………………… 45
http …………………………… 34	Power Point ………………… 107	WWW ……………………… 34
https ………………………… 34	RAM ………………………… 5	Yahoo! JAPAN ……………… 36

《著者紹介》

荒木孝治
1985年　大阪大学大学院基礎工学研究科博士後期課程退学
現　在　関西大学商学部教授
3章，6章，7章，8章担当

谷田則幸
1985年　九州大学理学部数学科卒業
現　在　関西大学経済学部教授，理学博士（電気通信大学）
2章，9章，10章担当

橋本紀子
1987年　神戸大学大学院経済学研究科博士後期課程退学
現　在　関西大学経済学部教授，経済学博士（神戸大学）
1章，4章，5章，6章，7章，8章，Appendix 担当

松尾精彦
1987年　大阪大学大学院基礎工学研究科修士課程修了
現　在　関西大学経済学部教授，博士（工学，大阪大学）
4章，5章，Appendix 担当

平成13年3月28日	初版発行
平成15年4月10日	初版3刷発行
平成16年4月10日	新版発行
平成22年4月22日	新版6刷発行
平成23年4月15日	三訂版発行
平成29年3月3日	三訂版6刷発行
平成30年3月20日	第4版発行
令和2年3月10日	第4版2刷発行

《検印省略》

略称－経済リテラシー(4)

経済・商学系のための
情報リテラシー入門（第4版）

著者　ⓒ　荒木孝治
　　　　　谷田則幸
　　　　　橋本紀子
　　　　　松尾精彦

発行者　中島治久

発行所　同文舘出版株式会社
東京都千代田区神田神保町1-41　〒101-0051
電話 営業(03)3294-1801　編集(03)3294-1803
振替 00100-8-42935　http://www.dobunkan.co.jp

Printed in Japan 2018

印刷：三美印刷
製本：三美印刷

ISBN 978-4-495-36844-9

JCOPY〈出版者著作権管理機構　委託出版物〉
本書の無断複製は著作権法上での例外を除き禁じられています。複製される場合は，そのつど事前に，出版者著作権管理機構（電話 03-5244-5088, FAX 03-5244-5089, e-mail: info@jcopy.or.jp）の許諾を得てください。